Eine Bildreise

Wolfgang Tschechne/Das Fotoarchiv/Ellert & Richter Verlag

Der Rhein
The Rhine
Le Rhin

Impressum / Autoren / Authors / Auteurs

Der Autor
Wolfgang Tschechne, geb. 1924 in Schweidnitz/Schlesien, war viele Jahre Feuilletonleiter der „Lübecker Nachrichten". Bewußte und unbewußte Verbindungen zwischen schöpferisch tätigen Menschen und ihren Lebensräumen und Landschaften interessieren ihn. In vielen Veröffentlichungen und Rundfunksendungen widmet er sich diesem Thema. Im Ellert & Richter Verlag sind die Bände „Thomas Manns Lübeck", „Die Elbe – Eine Bildreise" und „Schleswig-Holstein – Ein Reiseführer" erschienen.

The Author
Wolfgang Tschechne, born in Schweidnitz, Silesia, in 1924, was for many years arts editor of the "Lübecker Nachrichten." He is keenly interested in conscious and unconscious links between creative people and their living environments and landscapes, a topic he has dealt with in many publications and radio programmes. Other books of his published by Ellert & Richter are "Thomas Mann's Lübeck", "The Elbe – a Pictoral Journey" and "Schleswig-Holstein".

L'auteur
Wolfgang Tschechne, né en 1924, à Schweidnitz/Silésie, fut chef du feuilleton du quotidien „Lübecker Nachrichten" pendant de nombreuses années. Il s'intéresse pour les rapports, conscients et inconscients, existant entre les esprits créateurs et leur cadre de vie ainsi que le paysage dont ils ont issus. Il s'est consacré à ce sujet dans de nombreuses publications et émissions de radio. Ses œuvres „Thomas Manns Lübeck", „Die Elbe – Eine Bildreise" et „Schleswig-Holstein – Ein Reiseführer" sont parues à la maison d'édition Ellert & Richter.

Titel/Cover/titre:
Burg Gutenfels bei Kaub/Castle Gutenfels near Kaub/Château Gutenfels à Kaub

Text und Bildlegenden/Text and captions/Texte et légendes: Wolfgang Tschechne, Lübeck
Übersetzung/Translation/Traduction: Paul Bewicke, Hamburg (Englisch/English/Anglais); Michèle Schönfeldt, Hamburg (Französisch/French/Français)
Karte/Map/Carte géographique: Lutz Orlowski, Kiel
Gestaltung/Design/Maquette: Hartmut Brückner, Bremen
Satz/Setting/Composition: KCS GmbH, Buchholz
Lithographie/Lithography/Lithographie: Litho Service Bremen, Bremen
Druck: C. H. Wäser KG, Bad Segeberg
Bindung: S.R. Büge, Celle

Bildnachweis/Illustrations credits/Index des photographies: Sämtliche Farbabbildungen: Das Fotoarchiv, Essen

außer:
Rudolf Bauer/Transglobe Agency, Hamburg: S.: 20/21
Walter Mayr/Focus, Hamburg: S. 10/11, 32/33
Bernd-Christian Möller/Focus, Hamburg: S. 52/53, 56/57
Erich Spiegelhalter/Focus, Hamburg: S. 36/37

Die Deutsche Bibliothek – CIP-Einheitsaufnahme
Der **Rhein** = The rhine.
Wolfgang Tschechne. Das Fotoarchiv. [Übers.: Paul Bewicke; Michèle Schönfeldt].
– 2. Aufl. – Hamburg: Ellert und Richter, 1995
(Eine Bildreise)
ISBN 3-89234-294-6
NE: Tschechne, Wolfgang; Bewicke, Paul [Übers.]; The rhine

© Ellert & Richter Verlag, Hamburg 1992
Dieses Werk einschließlich aller seiner Teile ist urheberrechtlich geschützt. Jede Verwertung außerhalb der engen Grenzen des Urheberrechtsgesetzes ist ohne Zustimmung des Verlages unzulässig und strafbar. Dies gilt insbesondere für Vervielfältigungen, Übersetzungen, Mikroverfilmungen und die Einspeicherung und Verarbeitung in elektronischen Systemen.

Inhalt / Contents / Sommaire

Der junge Rhein ist ein ganz wilder Kerl. Seine Wasser kommen eiskalt aus Graubündener Gletscherfeldern. Sie kommen von hoch her. Aus der Bergeinsamkeit des St.-Gotthard-Massivs, aus dem 2345 Meter hoch gelegenen Lai da Tuma, dem Toma-See, stürzt sich der Vorderrhein ins Tiefland. Die Bauern und Hirten in der Gegend sprechen heute noch rätoromanisch. Ein anderer Teil, der Hinterrhein, kommt vom Zaportgletscher, dem Paradiesgletscher vor dem San Bernardino. Aus baumloser Gegend eilen die Wasser herunter und durchtosen die Klamm der Via Mala. Sie wollen ins Wärmere, ins Grüne. Wildwasser.

Wild sind die Namen der Bergdörfer des frühen Rheins, Andeer, Rabius, Tavanasa, Truns, Zillis. Wild sind die Geschichten, die man hier noch immer erzählt, etwa die des freien Bauern von Fardün, nahe Zillis. Sie ist ähnlich auch von anderen Landschaften her bekannt; hier aber paßt sie hin. Der von Fardün begehrte immer wieder auf gegen den Burgvogt und zog sich dessen Zorn zu. Um den Bauern zu reizen, lud sich der Vogt selbst bei ihm zum Mittagsmahl ein und spuckte, weil ihm der Brei nicht schmeckte, höhnend in den Kochtopf. Da packte der Wirt in seinem Zorn den Burgherrn, drückte dessen Kopf in die besudelte Suppe und ertränkte ihn im kochenden Sud. Nachbarn kamen rasch zusammen, die Wut vervielfachte sich, die aufgebrachte Menge erstürmte die Zwingburg und befreite sich und ihr Dorf. Eine rheinische Geschichte – vom jungen Rhein.

Bei Schloß Reichenau, mit der gleichnamigen Bodenseeinsel aus alten Zeiten verwandt und verschwägert, stürzen sich die rheinischen Bergwasser stürmisch in ihr über 1300 Kilometer langes gemeinsames Stromleben, was übrigens der (elektrischen) Stromgewinnung gut tut. Das Bauwerk aus dem Jahre 1616 kam einst als Hofgut zum Bodenseekloster, damit, wie es eher anekdotisch als realistisch heißt, der dortige Abt auf dem Wege nach Rom jeden Abend in einem eigenen Bett übernachten konnte. Keine Anekdote indes ist, daß sich im Reichenauer Schloß noch immer junge Leute gern trauen lassen, weil sie in der Vermählung der Alpenflüsse zum starken Rhein ein Symbol für ihr eigenes zusammenströmendes Glück sehen.

Zuvor haben Vorder- und Hinterrhein noch ein paar liebe Verwandte gutgelaunt aufgenommen, die schöne Albula, den Averser Rhein, den Glogn, den Madriser Rhein, den kraftvollen Medelser Rhein, die Rabiusa, den Somvixer und den Valser Rhein und noch ein paar plappernde Bergbächlein mehr. Ihr aller gemeinsamer Familienname ist nun Alpenrhein, und das bleibt er die 102 Kilometer bis zum Bodensee.

Chur mit den hier beginnenden Schmalspurbahnen nach Arosa und ins Engadin und mit dem berühmten Glacier-Express über phantastische Viadukte hinüber ins Rhônetal liegt am Ufer. Bald schon folgt das sich malerisch vor der Taminaschlucht ausbreitende Bad Ragaz. Am stattlichen Schloß Sargans hoch über den Weingärten fließt unten nun der immer breiter werdende Strom, und es dauert nicht mehr lange, bis er sich in Liechtenstein eine elegante Rheinpromenade errichten läßt.

Wein. Hier vor den Schneegipfeln des Säntis und Pizol beginnt schon die Rebe zu wachsen, die dem Fluß Weltruhm einbrachte. Die Kreszenzen der Bündner und Liechtensteiner Herrschaft, Rosé- und Rotweine, mögen nicht so bekannt sein wie etwa die Weine aus der Ortenau oder dem Rheingau. Aber Kenner genießen einen edlen Malanser, einen gehaltvollen Jeninser oder einen ehrlichen, trockenen Fläscher. Sie trinken den ersten Schluck gern auf das Wohl von St. Martin.

Dem kleinen Fürstentum Liechtenstein kommt die große Ehre zu, das (geographisch, nicht chronologisch) erste Rheinlied in die Welt gesetzt und auch gleich zur Hymne erhoben zu haben; Flüsse betrachtet man ja immer mit dem Rücken zur Quelle. Ein geistlicher Herr schrieb es in Vaduz vor anderthalb Jahrhunderten: „Oben am jungen Rhein/ lehnet sich Liechtenstein/ an Alpenhöh'n./ Hoch lebe Liechtenstein/ blühend am jungen Rhein/ glücklich und treu."

Hoch lebe Liechtenstein – das meinen auch die Briefmarkensammler in aller Welt. Denn die fleißige Post des Miniatur-Rheinstaates läßt immer wieder kleine Kunst-Stückchen drucken, die vor allem ein Motiv haben – den Rhein. Im Postmuseum von Vaduz ist alles fein säuberlich aufgeblättert.

Ehe der junge Rhein sich nun im Bodensee sonnen und von seinen wilden Kindersprüngen ausruhen kann, gibt es noch ein Stückerl Österreich. Jaja, auch Österreich liegt am Rhein, der stolzen Vergangenheit unter dem Namen „Donaumonarchie" zum Trotz. Aber nur ein kleines Stück: Das Bundesland Vorarlberg, die altertümliche Stadt Feldkirch und das Renaissancestädtchen Hohenems an der Diepoldsauer Rheinschlinge vor allem sind da zu nennen. Auf Schloß Hohenems wurden 1755 und 1779 bedeutende Teile des Nibelungenliedes gefunden; hier trifft sich außerdem jedes Jahr im Juni Musik-Europa zur Schubertiade. Musikalisch geht es auch Sommer für Sommer in Bregenz zu. Dabei spielt der Rhein eine tragende Rolle: Der Bodensee nämlich trägt die Opernbühne auf dem Wasser, und dieses Wasser stammt aus dem Alpenrhein, der sich nur ein paar Kilometer westlich aus einem verschilften, verästelten Delta in den See ergießt.

Aber nun freut sich der Fluß. Bald wird er groß und stark sein.

The young Rhine is a really wild guy. Its water comes ice-cold from glaciers in Graubünden, from way up in the remote mountains of the St Gotthard massif, from the Lai da Tuma, altitude 2,345 m. The Vorderrhein plunges from the lake down into the mountain valleys of an area where farmers and herdsmen to this day speak Rhaeto-Romanic. The Hinterrhein, another arm, comes from the Zapport glacier near the San Bernardino. From treeless heights torrential water hurtles down and through the Via Mala gorge. It is white water headed for warmer, greener climes.

The names of the mountain villages the young Rhine passes – Andeer, Rabius, Tavanasa, Truns and Zillis – have a wild ring, as do the tales that are still told there, such as that of the yeoman of Fardün, near Zillis. Similar tales are told in other parts of the world, but this is the right background. The yeoman was constantly at odds with the lord of the local castle, who was not on the best of terms with him as a result. To provoke the yeoman the lord turned up at the farmer's for lunch and spat contemptuously into the pot because he didn't like the soup. The yeoman was so incensed that he thrust the lord's head into the pot of sullied soup until he drowned. Neighbours arrived on the scene and were equally incensed. Their fury was intensified and the mob stormed the castle and freed the village. So much for a tale of the young Rhine.

Near Schloss Reichenau, long closely related to the island in Lake Constance of the same name, the torrential waters of the young Rhine merge into the river as we know it, which has over 1,300 km still to travel, generating electric power en route. The castle, built in 1616, used to form part of the Lake Constance monastery estates, enabling the abbot of Reichenau to sleep every night in a bed of his own on the way to Rome, or so the story goes. It is fact, not fiction, that Schloss Reichenau is still a popular place to wed, with the confluence of Alpine torrents to form the mighty Rhine being seen as symbolising the union of the happy couple.

The Vorder- and Hinterrhein have first good-humouredly received a number of relatives – the beautiful Albula, the Averser Rhine, the Glogn, the Madriser Rhine, the powerful Medelser Rhine, the Rabiusa, the Somvixer and the Valser Rhine and a few other babbling mountain brooks. From this point on they are jointly known as the Alpine Rhine, the name that lasts them the 102 km to Lake Constance.

The river here runs through the canton of Chur, where narrow-gauge railways run to Arosa and to the Engadin, including the famous Glacier Express which runs across fantastic viaducts to the Rhone valley. They are soon followed by Bad Ragaz, picturesquely laid out with the Tamina gorge in the background. Stately Schloss Sargans towers over vineyards that overlook the steadily wider river down below as it heads for Liechtenstein, where the first elegant Rhine promenade graces its banks.

Wine. Vines that made the river world-famous start to grow even before it passes the snow-capped peaks of the Säntis and the Pizol. Bündner and Liechtensteiner rosés and reds may not be as well-known as Ortenau or Rheingau wines, but connoisseurs savour a fine Malanser, a full-bodied Jeninser or an honest, dry Fläscher. They traditionally toast the first sip to St Martin.

The tiny principality of Liechtenstein can pride itself on having the world's first hymn to the Rhine as its anthem. It certainly comes first geographically, if not chronologically, since rivers are always viewed downstream. In Vaduz a century and a half ago a priest penned the words "Oben am jungen Rhein/ lehnet sich Liechtenstein/ an Alpenhöh'n./ Hoch lebe Liechtenstein/ blühend am jungen Rhein/ glücklich und treu" (There by the youthful Rhine lies little Liechtenstein up in the Alps. Long live Liechtenstein, flourishing by the Rhine, happy and true).

Long live Liechtenstein is a sentiment shared by stamp collectors all over the world. The hard-working postal service of the miniature state on the Rhine regularly issues tiny works of art that mainly feature the river as their motif. They can all be seen at the postal museum in Vaduz.

Before the young Rhine can bask in the water of Lake Constance and take a break from its wild leaps of childhood it takes a passing look at Austria. It too lies partly on the Rhine despite its proud Danubian monarchic past. But it is only a brief interlude that takes in Vorarlberg, and principally the mediaeval town of Feldkirch and Hohenems, a small Renaissance town the river passes as it wends its way round the Diepoldsauer Rheinschlinge. In 1755 and 1779 significant parts of the mediaeval Nibelungenlied were found at Schloss Hohenems. European music-lovers also meet here annually in June for the Schubert Festival. Bregenz too hosts a summer music festival in which the Rhine plays a crucial supporting role. The opera stage floats on Lake Constance, fed by the Alpine Rhine, which flows into the lake a few kilometres to the west of the town through the arms and reed-beds of its delta.

The river has no need to be dismayed. It will soon be big and strong.

Le jeune Rhin est un gaillard au tempérament fougueux. Ses eaux sont glaciales lorsqu'elles surgissent des champs de glaciers des Grisons. Elles descendent de loin, venues des sommets. Délaissant la solitude du massif du Saint-Gothard, le Rhin antérieur traverse le Lai da Tuma, situé à 2345 mètres d'altitude, et se précipite vers la plaine. Les paysans et les pâtres de cette région parlent, aujourd'hui encore, la langue rhéto-romane. Le Rhin postérieur, lui, surgit du glacier du Zapport, ce paradis s'étalant face au Saint-Bernard. Issues de régions dépourvues d'arbres, les eaux dévalent les pentes et s'engouffrent, en grondant, dans la gorge de la Viamala. Elles ont hâte de se retrouver sous un ciel plus clément et de se mettre au vert. Eaux sauvages.

Sauvages aussi, les accents émanant des noms des villages de montagne que traverse le Rhin à son origine, ainsi Andeer, Rabius, Tavanasa, Truns, Zillis. Farouches, les histoires que l'on raconte encore ici, comme celle du paysan libre de Fardün, près de Zillis. On en connaît de semblables dans d'autres contrées, mais celle-ci sied à cette région mieux qu'à toute autre. Le paysan de Fardün ne cessait de se rebeller contre le burgrave du château et s'attira, par là, les foudres de ce dernier. Dans l'intention de narguer le paysan, le burgrave s'invita lui-même à déjeuner chez le manant et, ne trouvant pas la bouillie à son goût, il la recracha, avec mépris, dans la marmite. Pris de colère, le paysan saisit le châtelain, lui plongea la tête dans la soupe, le noyant dans le chaudron bouillant. Des voisins accoururent, la colère monta et la foule indignée partit à l'assaut de la citadelle, secouant elle-même la tutelle féodale et libérant le village.

Une histoire des bords du Rhin, d'un Rhin encore jeune. Près du château de Reichenau, proche parent et allié par mariage de l'île du même nom située sur le lac de Constance, les eaux alpestres du Rhin s'engouffrent avec fougue dans le lit qu'elles partageront sur plus de 1300 kilomètres. L'édifice, datant de l'année 1616, fut alors annexé au monastère du lac de Constance en tant que ferme afin de permettre au prieur en route pour Rome de passer la nuit dans son propre lit, ainsi que le rapporte la chronique de façon plus anecdotique que conforme à la réalité. Rien d'anecdotique, par contre, au fait que les jeunes couples affectionnent encore de nos jours le château de Reichenau afin d'y célébrer leur bénédiction nuptiale, parce qu'ils voient dans les épousailles des rivières alpestres et dans leur alliance en un seul et même Rhin vigoureux, le symbole de leurs propres bonheurs confluant en cet endroit. C'est d'humeur badine que le Rhin antérieur et le Rhin postérieur ont accueilli, auparavant, quelques parents bien aimés, la belle Albula, le Rhin d'Avers, le Glogn, le Rhin de Madris, le vigoureux Rhin de Medels, la Rabiusa, le Somvixer et le Rhin de Vals, sans compter plusieurs autres minuscules torrents babillards. Leur nom de famille commun est, à partir de là, celui de Rhin alpestre et il en sera ainsi tout au long des cent-

deux kilomètres qui le séparent du lac de Constance. Coire, avec ses tortillards faisant route vers Arosa et la vallée de l'Engadine, ainsi que son célèbre express des glaciers, qui franchit de fantastiques viaducs et mène jusque dans la vallée du Rhône, de l'autre côté, s'étire le long de ses rives. Suivi, bientôt, de la ville d'eaux de Ragaz qui s'étale avec beaucoup de pittoresque à l'entrée de la gorge de la Tamina. Devenu de plus en plus large, le fleuve glisse au pied de l'imposant château de Sargans qui surplombe les vignobles, et, continuant sa course, finit par s'aménager, au Liechtenstein, un élégant chemin de promenade, le long de ses berges.

Le vin. C'est là, face aux sommets enneigés du Säntis et du Pizol que commence à pousser le cep qui valut au fleuve sa renommée mondiale. Les crus appréciés des honnêtes gens du canton des Grisons et du Liechtenstein, des vins rouges et rosés, sont peut-être moins connus que les vins de la région d'Ortenau ou du Rheingau. Mais les connaisseurs aiment déguster un vin fin de Malans, un Jeninser capiteux ou un Fläscher honnête et sec. Ils aiment, d'ailleurs, boire la première gorgée à la santé de Saint-Martin.

C'est à la petite Principauté de Liechtenstein que revient l'honneur d'avoir donné le jour au premier chant du Rhin – même si cela doit être considéré d'un point de vue géographique et non chronologique – et d'en avoir fait l'hymne national. C'est, on le sait, toujours le dos à la source, que l'on regarde les fleuves et rivières. Un homme d'Eglise, écrivit, il y a un siècle et demi à Vaduz: „Là-haut, où naît le Rhin / s'adosse le Liechtenstein / Sur les hauteurs alpines / Vive le Liechtenstein / Florissant sur le jeune Rhin / Heureux et fidèle."

Avant que le jeune Rhin ne puisse se prélasser au soleil, dans le lac de Constance, et se reposer de ses galipettes d'enfant dévergondé, il traverse une petite partie de l'Autriche. Et oui. L'Autriche se trouve, elle aussi, sur le Rhin. Certes, ce n'est la qu'une minuscule partie, mais il convient de noter surtout le pays du Voralberg, la ville médiévale de Feldkirch ainsi que la petite ville de Hohenems, datant de la Renaissance et s'étirant le long de la boucle que forme le Rhin à Diepoldsau. C'est au château de Hohenems que furent découverts, en 1755 et 1779, d'importants fragments du Chant des Nibelungen; c'est ici également que toute l'Europe de la Musique se donne rendez-vous, chaque année, en juin, pour assister aux soirées musicales consacrées à Schubert.

Tous les étés, Bregenz résonne, lui aussi, d'accents musicaux. Le Rhin y joue un rôle majeur: en effet, la scène de l'Opéra est reportée sur l'eau du lac de Constance, et cette eau est issue du Rhin alpestre, qui, à quelques kilomètres de là, à l'ouest, se déverse dans le lac, venant d'un delta aux multiples ramifications et couvert de joncs. C'est alors que le fleuve laisse libre cours à sa joie. Bientôt, il sera grand et fort.

Kühl und einsam sind die Graubündener Bergstöcke. In der
Einsamkeit des St. Gotthard
liegt der Lai da Tuma, der
Tumer See. Von hier aus sucht
sich der junge Vorderrhein den
verschlungenen Weg ins Tiefland.

The Graubünden mountain
massif is cold and lonely. Lai da
Tuma, in the solitude of St
Gotthard, is the remote mountain lake from which the young
Vorderrhein wends its way
down into the valley.

Les massifs montagneux des Grisons sont froids et désertiques.
Le Lai da Tuma (Lac de Toma)
peuple la solitude du Saint-
Gothard. C'est ici que jaillit le
jeune Rhin antérieur avant de
chercher son chemin qui le
mènera, en sinuant, vers la
plaine.

Aus kleinen Nebenflüssen mit eigenwilligen Namen wie Albula, Glogn und Rabiusa setzt sich allmählich der Hinterrhein zusammen. Das Flußbett weitet sich, der Alpenrhein beginnt seine stolze Bahn.

The Hinterrhein is gradually joined by small tributaries with unusual names such as the Albula, the Glogn and the Rabiusa. The river bed widens and the Alpenrhein sets out on its proud journey.

Le Rhin postérieur prend forme peu à peu, né de petits affluents aux noms singuliers tels que Albula, Glogn et Rabiusa. Le lit du fleuve s'évase et le Rhin alpestre commence sa course audacieuse.

Wenn bei Buchs im Kanton St. Gallen noch der Nebel eines frühen Sommertages im Rheintal liegt, ergeben sich Landschaftsbilder von eigenem Zauber. Die Schweiz von ihrer schönsten Seite.

When the morning fog still lies over the valley near Buchs in the canton of St Gallen on a summer day, landscape photos with a magic all of their own can be taken. This is a part of Switzerland that shows the country from its most attractive side.

La brume matinale voile encore la vallée du Rhin, en cette journée d'été, à Buchs, dans le canton de Saint-Gall, engendrant des paysages d'un charme enchanteur. Un aspect de la Suisse qui nous fait découvrir l'un des plus beaux visages de ce pays.

Am Hochrhein ist bereits Weinbau anzutreffen. Hier wachsen an den Hängen über dem jungen Fluß ein edler Malanser und ein kräftiger Jeninser – Weine, die Kennerschaft erfordern und Freude an einem ungewöhnlichen Tropfen.

Wine is grown way up on the Hochrhein. On the slopes overlooking the young river fine Malanser and strong Jeninser grow. They are wines known to the connoisseur that can give genuine pleasure as being somewhat out of the ordinary.

La vigne se cultive déjà sur les bords du Haut Rhin. A flanc de colline, dominant le fleuve encore jeune, poussent le noble vin de Malans et celui, capiteux de Jenins, crus appréciés des connaisseurs et des amateurs de vins peu ordinaires.

Glück des frühen Sommers am Bodensee. Es kann kaum etwas Schöneres geben. Von den Bergen herunter weht der etwas herbe Geruch vom Harz der Fichtenforsten. Der milde Duft der Akazien unten am See mischt sich hinein. Die Komposition wird wundervoll abgerundet durch die hellen, süßen Wolken vom ersten Heu des Jahres und durch die Frische, die vom Wasser her kommt.

Der Rhein hat es gut. Denn der Bodensee – das ist ja eigentlich auch nur Rhein. Halt nur größer, breiter, tiefer. Der Rhein fließt hinein, und was herausfließt, ist auch wieder der Rhein. Nur heißt er 63 Kilometer lang Bodensee. Luftbilder und exakte Messungen haben ergeben, daß sich der Altrhein aus den Schweizer Bergen durch seine Ablagerungen so etwas wie sein eigenes Flußbett im Wasser geschaffen hat. Im See gibt es einen Hauptstrom in Richtung Meersburg, und es bilden sich heimlich unsichtbare Nebenflüsse, von denen sich einer nach Lindau hingezogen fühlt und ein anderer über den See in Richtung Rorschach zieht. Zum Konstanzer Trichter hin bündelt das Gefälle wieder wie selbstverständlich alle unterirdischen Strömungen zum Untersee genannten Teil des Bodensees. Nachdem sich beim noch mittelalterlich geprägten Städtchen Stein am Rhein, rechts auf Schweizer Seite gelegen, der See wieder zum Fluß verschlankt, geht dieser selbstbewußt als Hochrhein in ein neues Lebensalter.

Abschied von der Jugend. Da war der Bodensee wie ein Fest. Mit dem Malerwinkel von Nonnenhorn, der Zeppelinstadt Friedrichshafen, mit den Pfahlbauten von Unteruhldingen, der subtropischen Insel Mainau und der Klosterinsel Reichenau. Mit der Kirche von Birnau und den Schlössern Heiligenberg und Wolfegg.

Was wäre bloß aus Europa geworden, wenn der Rhein, statt sich von seiner hohen, schneeweißen Bergheimat nach Norden zu wenden, seinen Weg auf der südlichen Seite der Alpen gefunden hätte? Die Welt sähe anders aus, gewiß, und ob das zu bedauern wäre, weiß man nicht. Aber dann gäbe es nicht dieses wundervolle Stück Rhein, Bodensee genannt. Die Schneeberge und die Schlösser, die Burgen und die blühenden Bäume in den Obstgärten an den Ufern, und alles schon in südlichem Licht. Und was den Wein betrifft: Rebzüchter Hermann Müller stammt aus dem schweizerischen Trägerwilen am Untersee und hat mit seiner Sortenkreuzung Riesling mal Sylvaner den Winzern und Weinfreunden etwas ganz Feines ausgeschenkt – die Müller-Thurgau-Traube, fruchtig im Glas, mit feinem Muskatton am Gaumen. Rheinisch.

Da fällt der Abschied schwer. Eine kleine Kostbarkeit gleich in der Nähe von Stein am Rhein ist das altertümliche Schweizer Grenzstädtchen Diessenhofen. Das gehörte vor einem Jahrtausend zu St. Gallen, war dann im Besitz des Geschlechts der Kyburger, wurde später habsburgisch, konnte sich kurz sogar als Reichsstadt behaupten und wurde schließlich wieder von den Eidgenossen eingestrichen. Die bunte Geschichte ist zu Stein geworden.

Vielfarbig ist auch die Vergangenheit der Rheinbrücke von Diessenhofen. 1292 wird sie als Holzbrücke erstmals erwähnt, danach ist sie mal angekratzt und mal zerstört, mal ausgebessert und mal wieder neugebaut worden, und seit der Bombardierung durch amerikanische Flugzeuge im letzten Krieg wurde sie flugs wieder fein in der traditionellen Holzkastenform renoviert. Auf und Ab des Lebens am Fluß.

Schaffhausen hat eigentlich ein bißchen Pech mit seinem Rheinfall. Denn alle Welt spricht nur von dem gischtenden Naturschauspiel nördlich der Stadt, das der Hochrhein hier aufführt, wenn er seine Wasser in 150 Meter Breite aus 21 Metern Höhe über eine Felsenschwelle aus Jurakalk zischen läßt. Herrlich. Am besten zu betrachten vom südlichen Rheinufer her beim Schloß Laufen. Doch die vielen Besucher des mächtigsten Wasserfalls von Mitteleuropa, die nach Kenntnisnahme allzu rasch weiterbrausen, versäumen ein Kleinod – das alte Scafhusun, im frühen Mittelalter entstanden, lange eigener Stadtstaat, mit Münster, Klosteranlagen, reich ausgestatteten Bürgerhäusern und einer übersprudelnden Fülle von Brunnen aus vielen Jahrhunderten, dem Mohrenbrunnen etwa von 1524 mit König Kaspar und dem Jugendstilbrunnen mit dem Schaffhauser Bock von 1913. Lohnend.

Koblenz wird plötzlich sichtbar. Wie das? Nein, noch nicht Deutsches Eck. Aber ein kleines Eck doch. Denn beim Straßenknotenpunkt Koblenz im Aargau fließt die Aare in den Rhein und schüttelt mit frischem Wasser von den Aargletschern in den Berner Alpen das Flußbett auf. Schräg gegenüber, beim gemütlichen Waldshut-Tiengen, entschließt sich die Wutach von Titisee zur Hochzeit mit dem Hochrhein.

Ein Prachtstück von Brücke ist in Bad Säckingen zu bestaunen, 200 Meter lang, Holz, gedeckt, auf Steinpfeilern ruhend, und das nun schon seit über 400 Jahren. Sie war also schon alt, als der Trompeter von Säckingen des Herrn von Scheffel noch jung war. Dessen blumiges Versepos ist 1854 erschienen. Dichter Scheffel hat sein Licht leuchten lassen auch über den Rheinfall. In seinem Gedicht darüber gibt es die starke Zeile „Das sind die Donner Gottes, die hier sausen", weil sich das halt auf Schaffhausen reimen muß. Aber es gibt in diesem Gedicht auch Scheffels schöne Schau mit der Verszeile „Wo Wasser schäumt, will auch der Schaumwein knallen".

Und so verabschiedet sich der Hochrhein. Denn Basel ist erreicht. Jetzt wird er befördert. Zum Oberrhein.

What bliss early summer is on Lake Constance! There can be few things finer. The slightly sharp smell of pine forest resin blows down from the mountains, intermingling with the mild aroma of acacias down by the lake. The blend magnificently completed by the light and heady smell of the first hay and the fresh breeze from the water. The Rhine has it good. Lake Constance is really the Rhine, just bigger, wider, deeper. The Rhine flows into it and what flows out is the Rhine again. It is merely known as Lake Constance for 63 km. Aerial photographs and exact measurement have shown that the Altrhein from the Swiss mountains has silted up the bed of the lake to form a river bed of its own in the water. The main current flows toward Meersburg, with unseen arms extending toward Lindau on one side and Rorschach on the other. These currents merge as if it were a matter of course as they flow down to Konstanz and the funnel-shaped section of the lake known as the Untersee. As they pass the mediaeval town of Stein am Rhein, on the Swiss side, the lake narrows and the river returns, self-confidently entering a new era as the Hochrhein, or upper reaches of the river proper.

The change marks a farewell to youth, a youth in which Lake Constance was a festive interlude, with the Malerwinkel at Nonnenhorn, Friedrichshafen the home of Count Zeppelin and the airship, the buildings on stakes at Unteruhldingen, subtropical Mainau island and the monastery island of Reichenau, the church at Birnau and Heiligenberg and Wolfegg castles.

Whatever would have become of Europe if the Rhine had run south of the Alps rather than heading north from its snow-capped Alpine source? The world would certainly have been a different place, and who is to say whether it would have been for the worse? But there would then definitely have been no Lake Constance as a superb section of the river. We would not have been able to eye the snow-clad Alpine peaks, the forts and castles, the trees in bloom in the orchards that line the shore in the south-facing light. As for the wine, it was Hermann Müller from Trägerwilen on the Swiss shore of the Untersee who cross-bred Riesling and Sylvaner to give wine-growers and wine-lovers alike something extra-special, the Müller-Thurgau grape, fruity in the glass with a slight taste of muscatel on the palate. Rhine wine.

Parting company is hard. Diessenhofen, the old Swiss border town near Stein am Rhein, is a jewel. A thousand years ago it belonged to St Gallen, then became a Kyburg fiefdom. It went on to become a Habsburg possession, achieving Imperial city status before reverting to the Swiss. Its chequered history is cast in stone. The bridge over the Rhine at Diessenhofen has a no less chequered past. It was first mentioned as a wooden bridge in 1292, since when it has constantly been damaged and destroyed, repaired and rebuilt. After US aerial bombardment in World War II it was promptly rebuilt in the traditional wooden-box style. Part and parcel of life on the river.

Schaffhausen has been a little unlucky with its Rhine Falls. All that everyone ever mentions is the foaming natural spectacle to be seen to the north of the town where the Rhine, 150 metres wide at this point, plunges over a Jurassic limestone ledge and falls 21 metres. This magnificent sight is best seen from the south bank of the Rhine near Schloss Laufen. Many visitors to the largest waterfall in central Europe speed on, missing the jewel that is Schaffhausen, the early mediaeval Scafhusun, long a city-state in its own right, with its minster, its monasteries, its richly appointed town houses and an overflowing abundance of fountains spanning centuries, from the 1524 Mohrenbrunnen, featuring King Kaspar, to the 1913 Jugendstil fountain sporting a ram, the town's heraldic animal. All well worthwhile.

Suddenly Koblenz comes into view. Not, perhaps, the real Deutsches Eck at the confluence of the Rhine and the Moselle, but a smaller counterpart. This Koblenz is a road junction in Aargau canton where the Aare flows into the Rhine, giving the river bed a swirl of fresh water from the Aar glaciers in the Bernese Alps, while diagonally opposite, on the German side, near snug, cosy Waldshut-Tiengen, the Wutach flows into the Rhine from Titisee in the Black Forest.

In Bad Säckingen a magnificent bridge can be admired. It is 200 metres long, made of wood, roofed, mounted on stone pillars – and has been for over 400 years. So it was old when Scheffel's verse epic about the Trumpeter of Säckingen was written in 1854. He also wrote in verse about the Rhine Falls, of which he said "Das sind die Donner Gottes, die hier sausen," (It is God's thunder which rolls here) because it had to rhyme with Schaffhausen. But that poem also contained the delightful line "Wo Wasser schäumt, will auch der Schaumwein knallen" (Where water foams, wine must also sparkle).

So much, then, for the Hochrhein. We are now at Basle, where the river gains promotion. From here it is known as the Oberrhein.

Allégresse du début de l'été sur les bords du lac de Constance. On a peine à s'imaginer quoi que ce soit de plus beau. Des montagnes d'où il descend, le vent apporte l'odeur âpre de la résine émanant des forêts de sapins. A celle-ci vient se mêler le parfum vaporeux des acacias. Cette composition se voit merveilleusement complétée par les ondées claires et suaves qu'exhalent les premiers foins de l'année et par la fraîcheur montant du lac.

Le Rhin a la vie belle. Car le lac de Constance n'est finalement rien d'autre que le Rhin. Sauf qu'il est plus grand, plus large, plus profond. Le Rhin vient s'y jeter, et, ce qui en ressort, c'est une fois encore, le Rhin. La seule différence est qu'il porte le nom de „lac de Constance" sur 63 kilomètres. Des photographies aériennes et des mesurages effectués avec force exactitude il ressort que le „Vieux Rhin", issu des montagnes suisses, s'est, en quelque sorte, creusé lui-même son lit dans l'eau du lac, du fait de sa propre sédimentation. Les profondeurs du lac sont parcourues par un courant principal se propulsant en direction de Mersburg et donnant naissance, en cachette, à d'invisibles affluents, dont l'un se sent attiré par Lindau et un autre se hâte vers Rorschach.

Comme si de rien n'était, tous les courants sous-jacents ont été, de nouveau réunis, grâce à la dénivellation, en un seul et même faisceau aux environs de l'entonnoir que forme la ville de Constance, constituant la partie du lac appelée „Lac inférieur". Le fleuve, qui a retrouvé sa taille fine, après la traversée du lac, près de la petite ville de Stein am Rhein au caractère encore moyenageux, et prit le nom de „Haut-Rhin", continue son chemin et entre, conscient de lui-même, dans une nouvelle période de sa vie.

Que serait-il advenu de l'Europe si le Rhin, descendant de ses montagnes natales couvertes de neige s'était fourvoyé un chemin sur le versant sud des Alpes au lieu de se tourner vers le nord? Le monde aurait, certes, un tout autre visage, mais personne ne saurait dire que ce soit là un fait véritablement regrettable. Et pourtant... Il n'y aurait pas ce merveilleux bout de Rhin connu sous le nom de lac de Constance, ni de montagnes enneigées, ni de châteaux, ni de citadelles médiévales, ni d'arbres en fleurs dans les vergers, le long de ses rives, ni cette lumière du sud les inondant. Quant au vin, le vigneron Hermann Müller, originaire de Trägerwilen, en Suisse, sur le bord du „Lac inférieur", a fait don aux amateurs de cette boisson de quelque chose de tout à fait exquis en coupant deux sortes de vin, un Riesling et un Sylvaner, ce qui donna la grappe Müller-Thurgau, fruiteuse dans le verre et dont le goût de muscat flatte si agréablement le palais.

Il est dur de faire ses adieux à la région. La petite ville médiévale de Diessenhofen, aux frontières de la Suisse, située tout près de Stein am Rhein, est un véritable joyau. Elle fit partie, il y a un millier d'années, de Saint-Gall, puis passa aux mains de la lignée des Kyburg, devint plus tard habsbourgeoise, réussit

même, pendant une brève période à s'affirmer en temps que ville impériale, pour être finalement récupérée par les Confédérés suisses. Son histoire mouvementée s'est faite pierre.

Le passé du Pont du Rhin, à Diessenhofen, est, lui aussi, haut en couleurs. C'est en 1292 qu'il entre dans l'Histoire sous forme de pont de bois; il sera, par la suite, tant éraflé que détruit, rapiécé ou reconstruit à neuf, pour retrouver en fin de compte sa forme traditionelle de caisse à bois, après avoir été bombardé par l'aviation américaine au cours de la dernière guerre mondiale.

Schaffhouse, elle, est plutôt malchanceuse d'avoir sa chute du Rhin. Car, tout le monde ne fait que parler du spectacle écumant qu'offre ici, au nord de la ville, le Haut-Rhin, lorsqu'il précipite dans les profondeurs ses eaux bruissantes par-delà son surplomb de rochers de calcaire jurassien sur une largeur de 150 mètres et une hauteur de 21 mètres. Sublime. A voir de préférence de la rive sud du Rhin, près du château de Laufen. Et pourtant, les nombreux visiteurs de ces chutes d'eau, les plus puissantes d'Europe centrale, qui poursuivent leur course en grondant après s'être fait admirer, négligent sur leur passage une petite merveille, le vieux Scafhusum, fondé au début du Moyen Age et qui réussit à maintenir, pendant une longue période, son statut de ville-État, dotée d'une cathédrale, d'un monastère, de maisons bourgeoises richement ornementées et d'une multitude effervescente de fontaines datant de différents siècles, telle la Fontaine des Rois Mages qui remonte à 1524 et représente le roi Gaspard ou encore celle montrant le bouc de Schaffhouse, exécutée en 1913, dans le style de l'Art Nouveau de l'époque. La visite en vaut la peine. C'est alors qu'apparaît Coblence. Comment cela se fait-il? Non, ce n'est pas encore le „Deutsches Eck", le Coin allemand, mais un petit coin tout de même. En effet, c'est dans l'Aargau, près du nœuf routier de Coblence, que l'Aar conflue avec le Rhin, venant secouer le lit du fleuve et l'alimenter en eau fraîche qu'il roule depuis les glaciers de l'Aar, dans les Alpes bernoises.

A Bad Säckingen, on peut admirer un superbe exemple de pont couvert en bois, ayant 200 mètres de long et reposant sur des piles de pierre, ceci depuis plus de 400 ans. Il était déjà vieux lorsque le trompettiste de Säckingen, personnage créé par l'écrivain von Scheffel, était encore jeune. Le poème épique, écrit dans un style fleuri, parut en 1854. Scheffel, le poète, éclaira également de son art la chute du Rhin. Dans les strophes où il la chante, on peut lire les vers suivants: „Ce sont les foudres de Dieu qui s'abattent ici en mugissant." Mais l'œuvre recèle également la judicieuse observation de Scheffel selon laquelle: „Là où l'eau mousse, le mousseux veut aussi faire sauter le bouchon."

Ainsi le Haut-Rhin nous fait-il ses adieux. Car nous sommes arrivés à Bâle. C'est là qu'il prend du galon et est promu au rang de „Rhin supérieur".

Der junge Rhein sonnt sich
genüßlich im Bodensee. Am
Übergang vom Obersee in den
Überlinger See liegt das über
tausendjährige Meersburg. Im
Schloß am See, in der „Meers-
burg", genoß die westfälische
Dichterin Annette von Droste-
Hülshoff Alpenblick und
Abendsonne.

The young Rhine basks comfortably in Lake Constance. Meersburg, over 1,000 years old, lies
at the meeting point of the
Obersee and the Überlinger See.
Nineteenth century Westphalian
poetess Annette von Droste-
Hülshoff was delighted by the
view of the Alps in the evening
sun from the Meersburg, a
castle by the lake.

Le Rhin, encore jeune, se prélasse avec délices, au soleil, dans
les eaux du lac de Constance. La
ville plus que millénaire de
Meersburg s'étend là où le Lac
Supérieur fait place au Lac
d'Überlingen. Au château de
Meersburg, sur les bords du lac,
la poétesse Annette von Droste-
Hülshoff, originaire de Westpha-
lie, y avait vue sur les Alpes et
sur le soleil couchant.

Konstanz ist die größte Stadt am Bodensee, ein historisch bedeutendes, lebenskräftiges Kulturzentrum. Wenn spät an einem Herbsttag ein „glückhaft Schiff" im Hafen von Konstanz eintrifft – es ist von der Bodenseeflotte der Deutschen Bundesbahn –, kommen Urlauber und Einheimische, um das Schauspiel zu genießen.

Konstanz, a historically significant, lively centre of the arts, is the largest town on the lake. When a ship berths late in the harbour on a mild autumn day, a German Bundesbahn Lake Constance ferry, holidaymakers and locals alike come down to the lakeside to watch the spectacle.

Constance est la plus grande des villes sises en bordure du Lac de Constance, en même temps qu'un centre culturel animé et important sur le plan historique. Lorsque, par une douce soirée d'automne un bateau accoste, à une heure tardive, dans le port de Constance – il fait partie de la Flotte du Lac de Constance de la Société allemande des Chemins de fer – touristes et habitants de Meersburg affluent pour jouir du spectacle.

Ein Stück Mittelalter stellt sich mit scharfen Konturen im Städtchen Stein am Rhein vor. Oben auf dem Berghügel blicken die Reste eines römischen Rheinkastells aus dem dritten nachchristlichen Jahrhundert auf das „Rothenburg des Hochrheins".

The small Swiss town of Stein am Rhein is a sharply-contoured cameo of the Middle Ages. Up on the castle hill the ruins of a third century AD Roman castle on the Rhine look down on what has been called the Rothenburg of the Hochrhein.

Le Moyen Age nous accueille dans la petite ville de Stein am Rhein, présentant son profil très marqué. Du haut de la colline, les vestiges d'un castel rhénan datant de l'époque des Romains, dominent cette „Rothenburg du Haut Rhin" qui remonte au troisième siècle après Jésus-Christ.

Mitteleuropas mächtigster Wasserfall stürzt bei Schaffhausen über eine breit gelagerte Felsenschwelle aus Jurakalk. Nach der Schneeschmelze im zeitigen Sommer gischtet der Fluß besonders wild.

The largest waterfall in Central Europe plunges over a wide slab of Jurassic limestone near Schaffhausen. The water foams particularly vigorously in early summer after the snow has melted.

Près de Schaffhouse, les chutes d'eau les plus puissantes d'Europe Centrale se précipitent dans le vide, par-dessus un surplomb de roche faite de calcaire jurassien. Après la fonte des neiges, au début de l'été, le fleuve écume avec une fureur décuplée.

Basel. Drei beglückende Blicke sind in der Lage, die Eigenart der Stadt an beiden Ufern des Rheins vor Augen zu führen – stellvertretend für tausend andere.

Ein stolzer Blick aufwärts zuerst. Vom Schaffhauser Rheinweg, linksrheinisch, kurz vor der Wettsteinbrücke, wandern die Augen über den gemächlich ziehenden Fluß zur anderen Seite, zum Münsterhügel hinüber; der ist nicht hoch, ein Hügel halt, doch wirkt er prächtig, weil sich über den hochkletternden Patrizierhäusern mit ihren vielen Fensterlädchen das Münster erhebt, stolz und in ruhiger Majestät – rötlicher Vogesensandstein, ein Dach mit grünen, goldschimmernden Rauten und zwei filigran ins Blaue gestickte Türme.

Der zweite Blick, lieblich, geht von der Pfalz aus; so heißt die lange, baumbestandene Terrasse hinter dem Münster, 20 Meter über dem Fluß. Von dort aus ist das Rheinknie zu überblicken, und es offenbart sich zugleich die schwingende Verbindung zwischen Fluß und Stadt – sechs Brücken, drei Fähren, da hat das Wasser nichts Trennendes mehr.

Romantisch ist der dritte Blick, dies besonders zur Herbstzeit, wenn blauer Nebel über dem Land liegt. Wenn man von Lörrach her aus dem südlichen Schwarzwald auf Basel zukommt, zeigen sich am Horizont weit hinter dem Fluß auf der anderen Seite violett verschwimmend die Vogesen – der Rhein ist schon lange nicht mehr Deutschlands Grenze.

„Rhein, du breites Hochzeitsbette!/ Himmelhohes Lustgerüst!/ Wo sich spielend um die Wette/ Stern und Mond und Welle küßt" – so jauchzend hat vor fast zwei Jahrhunderten Clemens Brentano in die lyrische Harfe gegriffen. Mit dem Hochzeitsbette muß man nun freilich vorsichtig sein. Denn gerade von Basel aus ist das schöne Bett böse verschmutzt worden, viele Jahre lang. In Basel besonders, aber auch überall weiter am Rhein bis zur Mündung liegen die größten europäischen Chemiewerke. Sie durften einst nicht nur, nein, sie mußten sich am Wasser ansiedeln.

Gefahr erkannt. Gott sei Dank. Die Sünden aus der Jugendzeit der Großchemie sind offengelegt und offen diskutiert worden. Die Werke haben bereits hohe Summen ausgegeben und viel Sachverstand mobilisiert, um die Wasserqualität erheblich zu verbessern. Mit Erfolg: Im Rhein sind wieder Lachse und Meerforellen zu finden; von den 47 zur Jahrhundertwende bekannten Fischarten leben wieder 40 im Fluß.

Ab Basel ist der Rhein schiffbar. Um die langen Lastenkähne zu schützen, wurde linksrheinisch zwischen Basel und Straßburg der Elsässische Rheinseitenkanal, der Grand Canal d'Alsace, parallel zum Fluß errichtet. Nicht zur Freude der echten Rheinanlieger. Denn der Kanal hat dem natürlichen Strom einen beträchtlichen Teil seines Wassers weggenommen. Zwischen dem elsässischen Hafenstädtchen Hüningen

(Huningue) und dem 60 Kilometer abwärts liegenden Breisach ist der Kanal so zum Hauptweg geworden. Dem Vater Rhein im alten Bett ist nur ein dürftiges Dasein geblieben.

Das war mal ganz anders. Neuenburg, rechtsrheinisch, ist ein Beispiel. Das Städtchen stammt aus dem 12. Jahrhundert und ist seit der Gründung immer wieder von gewaltigen Überschwemmungen heimgesucht worden.

Dummer Schlager: „Wenn das Wasser im Rhein goldner Wein wär…" Wo sollte so viel Wein denn herkommen? Die Bewohner von Breisach wissen darauf eine Antwort: aus der Breisacher Kellerei, das ist die größte Europas. Hier warten 160 Millionen Liter goldner Wein auf ihre Freunde. Er kommt zu großen Teilen aus dem Kaiserstuhl. Das ist ein kleiner Gebirgsstock, der zwischen Freiburg im Breisgau rechts und Colmar links mit rührender Mühe den großen Schwarzwald mit den nicht minder großen Vogesen über den Rhein hinweg zusammenhält. Feine Kreszenzen kommen aus den Kaiserstühler Wingerten um Achkarren, Bickelsohl, Ihringen. Schon die Namen duften nach Wein und nach Sonne.

Aber auch richtiges Gold ist hier im Oberrheinischen gefunden worden, einst sogar in beträchtlichen Mengen. „Rheingold! Rheingold! Heiajaheia! Wallalaleia! Leuchtende Lust! Glühender Glanz!" Richard Wagners „Rheingold", die Eröffnungsoper des weltbekannten Musikdramas um den „Ring des Nibelungen", aus dem diese lustvoll stammelnden Schreie stammen, hat eine reale Verankerung im Fluß.

Weltbekannt ist natürlich auch Straßburg. Hier hat der Europarat seinen Sitz, hier tagt das Europäische Parlament, hier hat die Menschenrechtskommission Heimstatt – und hier sitzt, im Palais du Rhin, die Zentralkommission für die Rheinschiffahrt. Denn hier fügt sich Wasser zu Wasser: Rhein, Rhein-Marne-Kanal, Rhein-Rhône-Kanal, Schutter, Schutter-Entlastungskanal, Leopoldskanal, Andlau, Ill, Bruche, Elz, Kinzig, von Rench und Mühlbach gar nicht erst zu reden. Alles fließt.

Der junge Goethe war beim Blick vom Turm des Straßburger Münsters begeistert über den „auffallenden Reichtum der Vegetation, der, dem Laufe des Rheins folgend, die Ufer, Inseln und Werder bezeichnet".

Ein eigenwilliges Stück Natur bietet rechtsrheinisch an der Elzmündung der Taubergießen. Das ist ein Auwald, sumpfig, unwegsam und nahezu unberührt. Gänsesäger und Silberreiher, Rohrammer und Kormoran, Haubentaucher und Bläßhuhn finden hier noch Ruhe und Nahrung.

Goethe kommt einem nochmals nahe – links am Fluß in Sesenheim, wo die kleine Friederike Brion auf den Straßburger Studenten wartete. Bei Lauterburg schließlich verabschiedet sich Frankreich vom Rhein. Und da sind wir „auf der Walz/ vom Rhein bis zur Pfalz", wie es in der Operette „Schwarzwaldmädel" heißt.

Basle. Three pleasing prospects, in lieu of 1,000 others, are all that is needed to demonstrate the special characteristics of a city that straddles the Rhine. First, a proud glance upstream. From the Schaffhauser Rheinweg on the left bank, just before the Wettsteinbrücke, your eyes will sweep across the gently moving river to the minster hill on the other bank. It isn't high, just a hill, but it looks magnificent because the minster towers, in proud, sedate majesty, over the many-windowed patrician houses that line the hill. It is made of reddish Vosges sandstone, has a roof with diamond-shaped tiles, green with a gleam of gold, and two filigree spires embroidered into the blue.

The second, delightful prospect is the view from the Pfalz, as the long, tree-lined terrace behind the minster and 20 metres over the river is known. From it you can see the Rheinknie, a bend in the river, and you will also take in the vibrating links between river and city: six bridges and three ferries to make sure that the water doesn't separate the two banks.

The third view is romantic, especially in autumn when there is a blue fog in the air. When you approach Basle from Lörrach and the southern Black Forest you can see a violet-coloured blur on the horizon, way behind the river and on the other side. It is the Vosges, a reminder that the Rhine has long ceased to be the German border and is a European river.

"Rhein, du breites Hochzeitsbette!/ Himmelhohes Lustgerüst!/ Wo sich spielend um die Wette/ Stern und Mond und Welle küsst" (Rhine, you wide wedding bed and sky-high pleasure dome, where the Moon and stars take turns at caressing the waves), as Clemens Brentano ecstatically put it nearly 200 years ago. It might nowadays be seen as an unfortunate figure of speech inasmuch as the glorious bed was subjected to long years of serious pollution from Basle. There were particularly serious offenders in Basle, but Europe's leading chemical factories line the river. They used not just to be allowed to locate there; they were obliged to do so. The danger has now been recognised, thank heavens. The chemical industry's misspent youth and sins of yesteryear have been frankly laid bare and frankly discussed. Companies have invested heavily and deployed manpower and knowhow to bring about a substantial improvement in water quality. Salmon and sea trout are now found in the Rhine once more. Forty of the 47 species of fish that flourished in the river at the turn of the century are now back.

From Basle the Rhine is navigable. To protect the long barges the Grand Canal d'Alsace was built on the left bank of the river from Basle to Strasbourg, much to the

chagrin of people who live along the Rhine, from which much of the water is rerouted to feed the canal. That is why, from Huningue in Alsace to Breisach in Baden, 60 km downstream, the canal has become the main shipping route. Father Rhine in his old bed leads a somewhat bleak existence.

That didn't use to be the case. Take Neuenburg on the right bank, a town that dates back to the 12th century and has repeatedly suffered from heavy floods. "Wenn das Wasser im Rhein goldner Wein wär…" (If the water in the Rhine was golden wine…), a pop song of yesteryear has it. Well, if it was, where would all that wine come from? People in Breisach are at no loss for an answer. It could only be from the Breisacher Kellerei, the largest wine cellars in Europe, they say, where 160 million litres of golden wine await wine-lovers. Most comes from the Kaiserstuhl, a small mountain area painstakingly linking Freiburg im Breisgau and the Black Forest with Colmar and the Vosges across the Rhine. Fine wines are grown in Kaiserstuhl vineyards around Achkarren, Bickelsohl and Ihringen, names that are redolent of wine and sun.

Real gold too was once struck, and struck aplenty, here along the Rhine's upper reaches. "Rheingold! Rheingold! Heiajaheia! Wallalaleia! Leuchtende Lust! Glühender Glanz!" – This radiant joy, all aglow, to quote the first opera in Wagner's Ring cycle, thus has a genuine link with the river.

Strasbourg too is known the world over as the home of the Council of Europe and the venue of the European Parliament, the Human Rights Commission and, at the Palais du Rhin, of the Rhine Shipping Central Commission. Strasbourg is where the waters meet: the Rhine, the Rhine-Marne Canal, the Rhine-Rhone Canal, the Schutter, the Schutter relief canal, the Leopold Canal, the Andlau, the Ill, the Bruche, the Elz and the Kinzig, not to mention the Rench and the Mühlbach. All are water on the move.

Looking from the spire of Strasbourg minster, the young Goethe enthused about the "striking richness of vegetation that follows the course of the Rhine, its banks and islands."

Taubergiessen is a most distinctive natural feature at the confluence of the Elz and the Rhine on the river's right bank. It is a marshy wooded wetland inaccessible and almost unspoilt. Egrets and grey herons, reed buntings and cormorants, coots and great crested grebes here still find peace, quiet and food. Goethe comes to mind once more in Sesenheim on the left bank of the Rhine, where little Friederike Brion awaited him in his Strasbourg student days. France finally parts company with the river near Lauterburg, leaving us "auf der Walz/ vom Rhein bis zur Pfalz" (on the road, from the Rhine to the Palatinate), as the operetta "Schwarzwaldmädel" puts it.

Bâle. Trois perspectives permettent de saisir le caractère distinctif de cette ville, située entre les deux rives du Rhin, trois parmi un millier d'autres.

Le regard s'orientera tout d'abord vers les hauteurs. Du chemin de promenade de Schaffhouse, longeant le Rhin sur son côté gauche, à peu de distance du pont de Wettstein, il se posera sur le cours paresseux du fleuve pour obliquer ensuite vers la colline, de l'autre côté, sur laquelle trône la cathédrale. Ce n'est pas que cet accident de terrain soit élevé, ce n'est finalement qu'une colline, mais il s'en dégage une impression de majesté, car, dominant les belles demeures serties de leurs nombreux petits volets, la cathédrale se dresse, altière et d'une majestueuse impassibilité: grès rougeâtre des Vosges, toit aux losanges verts étincelant de mille reflets dorés, avec deux tours brodant leurs filigranes dans le bleu du ciel.

La deuxième perspective s'ouvre sur un paysage riant qui s'offre au spectateur du „Palatinat", une longue terrasse plantée d'arbres, située derrière la cathédrale, à 20 mètres au-dessus du niveau du fleuve. Le regard se pose alors sur le „genou du Rhin", découvrant en même temps la ligne recourbée des liens unissant le fleuve et la ville – les six ponts – ainsi que trois bacs, témoignages que l'eau n'a plus rien de son caractère séparateur. La troisième perspective est de nature romantique. Et cela, tout particulièrement à l'automne, lorsqu'une brume bleuâtre recouvre le pays. Quand, venant de Lörrach, au sud de la Forêt Noire, on se dirige vers Bâle, on aperçoit, à l'horizon, loin, par-delà le fleuve, les contours flous des Vosges. Le Rhin ne constitue plus, depuis longtemps déjà, la frontière de l'Allemagne.

„Ô Rhin, large lit de noces / Couche célestre du désir / Où, comme par jeu / Rivalisent de baisers / Les étoiles, la lune et la vague", ainsi exultait, il y a presque deux siècles, Clemens Brentano, en accordant sa lyre de poète pour chanter le Rhin. Or, il convient de faire preuve de prudence lorsqu'il s'agit de ce lit de noces. En effet, c'est à partir de Bâle que ce beau lit s'est vu l'objet d'une très sérieuse pollution, et cela pendant de longues années. Les plus grandes usines chimiques d'Europe sont localisées à Bâle, mais se répartissent également tout le long du Rhin, jusqu'à son embouchure. A l'époque où elles s'y implatèrent, non seulement elles pouvaient, mais devaient être en bordure du fleuve.

Le danger fut reconnu à temps. Dieu soit loué. Les péchés commis par les grands groupes de la chimie, à ses débuts, furent ouvertement discutés. Les usines investirent de grosses sommes d'argent et mobilisèrent un savoir-faire impressionnant afin d'améliorer, pour autant que faire se peut, la qualité de l'eau. Les succès sont patents: des saumons et des truites de mer peuplent de nouveau le Rhin; parmi les 47 sortes de poissons recensées au début du siècle, 40 vivent de nouveau dans le fleuve.

C'est à partir de Bâle que le fleuve est navigable. Le grand Canal d'Alsace, coulant parallèlement au fleuve, fut creusé sur la rive gauche du Rhin, entre Bâle et Strasbourg, afin d'assurer la protection des chalands de longues dimensions. Ce qui ne fut pas, bien sûr, pour réjouir les vrais riverains du Rhin. Car le canal ravit au fleuve une partie considérable de ses eaux. Entre la petite ville alsacienne de Huningue et le port fluvial de Brisach, à 60 kilomètres en aval, le canal est devenu la voie de transport principale. Le Rhin, dans son vieux lit, a dû se contenter des miettes.

Un refrain stupide dit: „Si l'eau du Rhin était du vin aux reflets d'or…". D'où tant de vin pourrait-il donc venir? Les habitants de Brisach savent la réponse: des caves de Brisach, les plus grandes d'Europe. 160 millions de litres d'un vin ambré attendent, ici, les amateurs. Il vient, en majeure partie, du Kaiserstuhl. C'est un cépage de montagne, qui, entre Fribourg en Brisgau, à droite et Colmar, à gauche, s'efforce de façon on ne peut plus touchante, d'assurer la cohésion de la grande Forêt Noire et des non moins grandes Vosges, par-delà le Rhin. De grands vins sortent des vignobles du Kaiserstuhl entourant les villes d'Achkarren, de Bickensohl, d'Ihrigen. A eux seuls les noms exhalent déjà un parfum de vin et une odeur de soleil.

Mais de l'or véritable fut également trouvé, en cet endroit du Haut-Rhin, jadis même en quantités considérables.

La ville de Strasbourg jouit, bien entendu elle aussi, d'une renommée mondiale. C'est là que siège le Conseil de l'Europe, là que se réunit le Parlement européen, là que la Commission des Droits de l'homme a droit de cité, là encore que réside, dans le Palais du Rhin, la „Commission centrale pour la navigation sur le Rhin". En effet, l'eau, ici, se joint à l'eau. Rhin, canal de la Marne au Rhin, canal Rhin-Rhône, Schutter, canal de délestage du Schutter, canal Léopold, Andlau, Ill, Bruche, Elz, Kinzig, sans parler, bien sûr, de la Rench et du Mühlbach; tout coule. Du haut de la tour de la cathédrale de Strasbourg, le jeune Goethe s'enthousiasmait à la vue de l'étonnante richesse de la végétation qui, tout au long du Rhin, „caractérise les rives, les îles et les îlots."

Le „Taubergießen", au confluent de l'Elz, sur la rive droite du Rhin, représente un aspect de la nature tout à fait exceptionnel. C'est une forêt marécageuse, impraticable et presque vierge. Harles bièvres et hérons argentés, bruants des roseaux et cormorans, foulques y trouvent encore tranquillité et pâture.

Goethe est, encore une fois, proche de nous, à gauche, sur le fleuve, à Sesenheim, où la jeune Frédérique Brion attendait l'étudiant de Strasbourg. C'est à Lauterbourg que la France fait ses adieux au Rhin. Et „voilà que nous roulons, de nouveau, notre bosse / Du Rhin jusqu'au Palatinat", comme il est dit dans l'opérette „Schwarzwaldmädel".

Der Blick von der Wettsteinbrücke geht über die am Ufer
des Münsterhügels hochkletternden Bürgerhäuser auf die schlan-
ken Türme des Basler Münsters.
Hier wird der Rhein befördert
– zum Oberrhein.

The view from the Wettsteinbrücke takes in the town houses
clustered on the bank of the
minster hill and the slender
spires of Basle Minster. Here the
Rhine is "promoted," being
known from this point as the
Oberrhein.

Du Pont de Wettstein, le regard
embrasse les maisons bourgeoises grimpant des rives du
fleuve jusqu'au sommet de la
colline, y découvrant les tours
élancées de la cathédrale de Bâle.
C'est là que le Rhin prend du
galon et devient Rhin Supérieur.

Maßarbeit müssen Kapitän und
Steuermann leisten, wenn sie bei
Basel ihren behäbigen Fracht-
kahn ohne die geringste Havarie
über die Staustufen und durch
die Schleusen lenken. Der
Rheinseitenkanal wird hier
mehr und mehr zum Haupt-
wasserweg.

Utmost precision is required of
captain and helmsman as they
manoeuvre their placid barge
past the weirs and through the
locks near Basle without upset.
From this point the Rhine Lat-
eral Canal assumes increasing
importance as a major waterway.

Capitaine et timonier doivent
naviguer au millimètre près
pour manœuvrer leur lourd cha-
land et lui faire passer biefs et
écluses sans la moindre avarie.
Le Canal latéral du Rhin tend à
devenir la principale voie d'eau
navigable.

Nahezu unberührt ist das eigentümliche Naturschutzgebiet Taubergießen an der Mündung der Elz in den Rhein. In den sumpfreichen Auwäldern wachsen noch die wilden Reben, von denen unser Kulturweinstock abstammt. Kormorane und Gänsesäger finden neben anderen gefährdeten Vogelarten hier Ruhe und Nahrung.

The eerie nature reserve at Taubergiessen where the Elz flows into the Rhine is virtually unspoilt. Wild vines, from which vineyard varieties descend, still grow in the marshy riverside meadows. Cormorants, goosanders and other endangered bird species here find peace and food.

La réserve naturelle tout à fait particulière qu'est le Taubergießen, au confluent de l'Elz et du Rhin, est restée presqu'à l'état vierge. Dans les forêts marécageuses poussent encore les ceps sauvages dont sont issus les pieds de vigne de nos cultures. Cormorans et harles bièvres, ainsi que certaines autres espèces d'oiseaux menacées de disparition y trouvent tranquillité et pâture.

Hoch aus dem Rheintal steigt in Breisach das Münster St. Stephan auf seinen Basaltfelsen. Gutedel und Gewürztraminer gehören zu den hier heimischen weltbekannten Rebsorten.

St Stephen's Minster in Breisach rises high in the Rhine valley, perched on a basalt rock. Gutedel and Gewürztraminer are two of the world-known grapes that grow in this area.

La cathédrale Saint-Stéphane, perchée sur son rocher de basalte, à Brisach, monte de la vallée du Rhin. Le „Gutedel" et le „Gewürztraminer" font partie des crus mondialement connus poussant dans cette région.

Im Abendsonnenschein liegen
Münster und St. Martin im
Hintergrund und vorn die
wuchtigen Türme von „La
Petite France". Die alte Reichs-
stadt und heutige Europastadt
Straßburg fügt mit einmaligem
Charme die deutschen und die
französischen Einflüsse in glück-
licher Harmonie zusammen.

In the evening sun the Minster
and St Martin's are seen in the
background, with the sturdy
towers of La Petite France in
the foreground. The old Reich,
now European city of Strasbourg blends German and
French influence with unique
charm in felicitous harmony.

La cathédrale et St. Martin, à
l'arrière-plan ainsi que les tours
trapues de la „Petite France", à
l'avant, sont baignées pas les
rayons du soleil couchant.
L'ancienne ville d'empire et
métropole européenne qu'est
Strasbourg aujourd'hui, a su
allier dans une parfaite harmonie les influences allemandes et
françaises avec le charme tout
particulier qui lui est propre.

Da im Grau der Nebeldüfte/ Winkt es tröstlich aus dem Strom/ In die abendlichen Lüfte/ Steigt ein wunderbarer Dom."
Das klingt nach Eichendorff, wurde aber viel später, um die Jahrhundertwende, von dem aus Speyer stammenden Lyriker Martin Greif geschrieben – über seinen Dom, über den herrlichen Kaiserdom von Speyer. Mit seinen sechs Türmen beherrscht die eindrucksvollste romanische Kathedrale Europas das Bild der Stadt. Der Salierkaiser Konrad II. ließ um 1030 den Bau beginnen, unter Kaiser Heinrich IV. wurde der Dom 1061 geweiht. Viel ist dann in den Jahrhunderten verändert und zerstört, viel ist aber auch für die getreue Wiederherstellung getan worden. Seit drei Jahrzehnten zeigt sich der Kaiserdom wieder nahezu so, wie er vor über 900 Jahren erst geträumt und dann gebaut worden ist. Pflichtstation für Rheinreisende.

Den Wein, hier zumeist weich und mild aus der Oberhaardt (Maikammer, Edenkoben, Schweigen), gibt es in vielen Weinstuben und längst nicht mehr aus dem steinernen Domnapf vor der Kirche. Der wurde im ausgehenden Mittelalter nur dann randvoll aufgefüllt, wenn ein neuer Bischof inthronisiert wurde. Die Speyrer hatten neue Bischöfe immer gern.

Danach sollte der Rheinreisende unserer Zeit in Schwetzingen Station machen, um die unter Naturschutz stehende Rheininsel Ketscher, das prächtige Schloß und den Schloßpark zu besuchen; aber da haben wir doch etwas vergessen – richtig, den Schwetzinger Stangenspargel. Den sollte man nicht vergessen. So ist man gut gestärkt für den Besuch der nächsten Großstadt, über die ein Spottgedicht aus dem 19. Jahrhundert, das übrigens aus Bayern stammt, folgendes sagt: „Wen der liebe Gott will strafen,/ den schickt er nach Ludwigshafen." Dabei ist das eine moderne und durchaus attraktive pfälzische Industrie- und Einkaufsstadt und endlich mal eine noch verhältnismäßig

junge Stadt am Rhein, 1843 vom bayrischen König Ludwig I. gegründet (der Spottvers war also Galgenhumor der Münchner Hofbeamten, die von ihrem König in die Pfalz geschickt worden waren). Das Gedicht geht übrigens so weiter: „Doch schickt er ihn nach Germersheim,/ so geh er lieber in den Rhein." Dabei ist diese alte Stadt, linksrheinisch gegenüber Philippsburg gelegen, die einzige mit „Germania" als Namenswurzel – vielleicht wurde sie deswegen Sitz des international angesehenen Dolmetscherinstituts der Universität Mainz. Deutsch für die Welt.

Wer unter der großen Rheinbrücke von Worms den Wasserweg nimmt oder wer vom Rathaus aus durch Petersstraße und Kyffhäuserstraße über die Brücke gelangt, kann ein kleines Rechenspiel durchexerzieren. Die stolze Spannbetonbrücke, 900 Meter lang, entspricht mit ihrem Teil über dem Strom genau den Ostwestlängen der drei Kaiserdome am Rhein, von Speyer, Worms und Mainz, und der Dom von Worms paßt genau in die Mittelöffnung.

Es ist die Nibelungenbrücke. Wer in Worms unten am Fluß ankommt, sieht als erstes das Denkmal des Siegfried-Mörders Hagen von Tronje; Hagen soll hier den Nibelungenschatz im Rhein versenkt haben. Breit steht er da auf seinem Bronzeboot, das rechte Bein sichernd vorn, um Balance zu halten, und schwungvoll holt er aus, um beidarmig den Goldschmuck ins Wasser zu werfen. Worms also hat eine sagenhafte Vergangenheit. Zu den Zeiten der Völkerwanderung war es die Hauptstadt eines großen Burgunderreiches und einer römischen Civitas unter König Gunther; beide Siedlungen sind von den Hunnen vernichtet worden. Damit sind schon alle historischen Hintergrunddekorationen fürs Nibelungenlied aufgestellt.

Über den Tatort des Mordes ist viel gerätselt worden. Im Nibelungenlied heißt es, das Verbrechen sei in einem „wasigen Wald geschehen". Wasgenwald? Vogesen? Irrtum. Wasen, wasig – das ist im alten ländlichen Sprachgebrauch ein Sumpfgebiet, eine Niederung, und es ist in dem Epos auch davon die Rede, daß eine Jagdgesellschaft mit Siegfried von Worms aus über den Rhein gesetzt sei. Schauplatz also rechtsrheinisch. Die Niederung entdeckten fleißige Heimatdetektive folgerichtig bei dem östlich von Worms auf der anderen Seite des Rheins gelegenen Kloster Lorsch. Auch der im Lied dokumentierte Brunnen floß dort, eine einsame Wildtränke, die in der Gegend schon immer Lindelbrunnen genannt wurde. Da horcht man doch auf. Im wasigen Wald macht sich das Flüßchen Weschnitz auf, um in den Rhein zu schlängeln. Tatort also der Mordgeschichte? Sehr wahrscheinlich, doch nicht mit letzter Gewißheit.

Da im Grau der Nebeldüfte/ Winkt es tröstlich aus dem Strom/ In die abendlichen Lüfte/ Steigt ein wunderbarer Dom" (In the grey fog, consolingly from the river, a wonderful cathedral rises into the evening air).

This may sound like the Romantic poet Eichendorff but it was in fact written much later, at the turn of the century, by local poet Martin Greif, to describe his home town cathedral, the magnificent Imperial cathedral of Speyer. With its six spires the most impressive Romanesque cathedral in Europe towers over the town. Work on it began in about the year 1030, under Holy Roman Emperor Conrad II. It was consecrated in 1061 under Henry IV and has undergone many changes and much destruction over the centuries, but much has been done to restore it to its original condition. For 30 years Speyer cathedral has looked almost exactly as it was when it was first dreamt up and then built over 900 years ago. It is a "must" for all Rhine travellers.

The local wine, usually soft and gentle from the Oberhaardt region (Maikammer, Edenkoben, Schweigen), can be sampled in a wide range of wine bars and has long ceased to be served from a stone bowl outside the church. In the late Middle Ages the bowl was only filled to the brim when a new bishop was enthroned. The people of Speyer were always keen on a new bishop.

Latterday Rhine tourists ought next to stop over in Schwetzingen to visit Ketscher, a nature reserve island in the river, and the town's superb castle and its grounds, the Schlosspark. Not, of course, forgetting Schwetzingen's celebrated asparagus, a helping of which will fortify them for the next city en route, which in the 19th century was lampooned by a Bavarian satirist in the couplet: "Wen der liebe Gott will strafen,/ den schickt er nach Ludwigshafen" (Those the Lord is pleased to punish he sends to Ludwigshafen). Yet it is a modern and far from unattractive industrial city and shopping centre founded, for once, as recently as in 1843 by King Ludwig I of Bavaria. So the

lampoon was black humour penned by Munich court officials sent out to the Palatinate by their king. And, to be fair, it was followed by another couplet: "Doch schickt er ihn nach Germersheim,/ so geh er lieber in den Rhein" (But if they're sent to Germersheim they would best go straight into the Rhine). Yet Germersheim, an old town on the left bank, opposite Philippsburg, is the only town on the Rhine with a name derived from Germania. It is also the home of Mainz University's renowned Institute of Interpreters. German, in other words, for the wider world.

If you sail under the Rheinbrücke in Worms or walk across it, via Petersstrasse and Kyffhäuserstrasse from the Rathaus, you can do a little mental arithmetic. The proud prestressed concrete bridge is 900 metres long. Between them the sections that span the Rhine are the exact east-west length of the three Imperial cathedrals on the river, Speyer, Worms and Mainz, and Worms cathedral would fit exactly into the central arch.

This is the Nibelungenbrücke. Visitors to Worms who arrive by boat will first see the monument to Siegfried's murderer, Hagen of Tronje, who is said to have buried the Nibelungs' treasure in the river here. There he stands, wide-legged in his bronze boat, with his right leg to the fore to keep his balance as he throws the gold and jewellery with both arms into the Rhine. So Worms is a city with a legendary past. In the Dark Ages it was the capital of a Burgundian kingdom and a Roman city ruled over by King Gunther. Both cities were destroyed by the Huns, but they provided all the historic backdrop needed for the Nibelungenlied.

There has been much speculation about where Siegfried was murdered. In the Nibelungenlied the deed is said to have been done in a "wasiger Wald". – "Wald" means wood, so it all depends what "wasig" means. Could it be Wasgenwald, or the Vosges? No, the word is a dialect term used to denote marshland or wetland by a river. Mention is made in the mediaeval verse epic of Siegfried and a hunting party crossing the Rhine from Worms to the right bank, where local sleuths feel Kloster Lorsch, to the east of Worms on the other side of the river, is a likely scene of the crime. Mention is also made of a spring in the woods, and there is one; it has always been known as the Lindelbrunnen. Here in the marshy woodland the Weschnitz meanders into the Rhine. Could this have been the spot? It could indeed, but we may never know for sure.

Là-bas, dans le gris des brumes / Le fleuve lance son message réconfortant / Dans les cieux crépusculaires / S'élève une merveilleuse cathédrale." Ces vers font penser à Eichendorff, pourtant, ils furent écrits bien plus tard, au tournant du siècle, par le poète lyrique Martin Greif, qui chantait ainsi son dôme, l'admirable dôme de Spire. Avec ses six tours, cette cathédrale romane, la plus impressionnante d'Europe, domine l'ensemble de la ville. Conrad II, roi des Saliens, fit commencer les travaux vers 1030, et c'est sous l'empereur Henri IV que la cathédrale fut consacrée. Beaucoup de modifications y furent apportées et elle dut subir maintes destructions, mais de nombreux efforts furent également entrepris afin d'assurer une restauration fidèle à l'original. Depuis trois décennies, la cathédrale impériale se présente à peu près telle qu'elle était lorsqu'elle fut tout d'abord conçue, il y a de cela plus de 900 ans, puis édifiée. Tout voyageur allant à la découverte du Rhin se doit de s'y arrêter. Le vin de la région, le plus souvent moelleux et velouté, provenant des collines de l'Oberhaardt (Maikammer, Ebenkoben, Schweigen) se boit dans les nombreuses „Weinstuben" et non plus, depuis fort longtemps déjà, dans la jatte de pierre posée devant l'église. Vers la fin du Moyen Age, celle-ci n'était d'ailleurs remplie à ras-bord que lorsqu'un nouvel évêque était intrônisé. Et il ne déplaisait pas aux habitants de Spire d'en avoir de nouveaux. Le voyageur qui, de nos jours, parcourt les pays rhénans ne devrait pas manquer de faire halte à Schwetzingen afin d'y visiter l'île de Retscher sur le Rhin, classée désormais site naturel protégé, ainsi que le superbe château et le parc y attenant. Mais nous allions oublier quelque chose – ah oui, bien sûr, les asperges de Schwetzingen. A ne pas oublier. Ainsi restauré, on pourra entreprendre la visite de la métropole la plus proche dont un poème satirique, composé au 19e siècle – poème que l'on doit d'ailleurs à un Bavarois – dit: „Dieu envoie à Ludwigshafen celui qu'il veut punir." C'est pourtant là une ville palatine moderne, à la vocation industrielle et marchande, dont on ne peut nier l'attrait, de même qu'elle est – fait assez rare – une cité relativement jeune en bordure du Rhin, fondée en 1843 par le roi de Bavière Louis Ier (il ne faut donc voir dans ce vers satirique que l'expression de l'humour noir des officiers de la Cour munichoise envoyés dans le Palatinat par leur roi). Le poème se poursuit d'ailleurs de la façon suivante: „Mais s'il l'envoie à Germersheim, il préfère aller se noyer dans le Rhin." Cette ville ancienne, sise sur la rive gauche du Rhin, face à Philippsburg, est pourtant la seule à avoir le mot „Germania" dans la racine de son nom. Peut-être est-ce pourquoi elle abrite, aujourd'hui, l'Institut d'Interprètes, de renommée mondiale, annexé à l'université de Mayence. L'allemand sans frontière.

Celui qui emprunte la voie fluviale et passe sous le Pont du Rhin, à Worms, ou qui, étant parti de l'Hôtel de ville et ayant traversé la Petersstraße et la Kyffhäuserstraße, franchit celui-ci, peut s'adonner à un petit

jeu de calcul. Ce pont, une audacieuse construction en béton précontraint, longue de 900 mètres a, dans la partie émergeant du fleuve, la même longueur que les dimensions est-ouest des trois cathédrales impériales des bords du Rhin, celles de Spire, de Worms et de Mayence, et le dôme de Worms s'encadre exactement dans l'arche centrale.

C'est le pont des Nibelungen. La première chose que le voyageur aperçoit lorsqu'il arrive à Worms en longeant le fleuve, est le monument érigé à la mémoire de l'assassin de Siegfried, Hagen von Tronje; c'est là que Hagen aurait enseveli, dans le Rhin, le trésor des Nibelungen. Massif, il se dresse sur son bateau de bronze, la jambe droite avancée, afin d'assurer son équilibre, et, prenant son élan, il dessine de ses deux bras une large courbe pour jeter les joyaux à l'eau. Worms s'enorgueillit donc d'un fabuleux passé. A l'époque de la migration des peuples, elle fut la capitale du grand royaume des Burgondes et une civitas romaine sous le roi Gunther; les deux agglomérations furent détruites par les Huns. Les décors historiques du Chant des Nibelungen étant installés, le rideau peut se lever.

De nombreuses supputations ont été émises quant au lieu du crime. Dans le Chant des Nibelungen, il est dit que le crime eut lieu dans une „forêt marécageuse", une „Wasgenwald". S'agirait-il là des Vosges? Erreur. „Wasen, wasig", c'est en vieux patois un marécage, un bas-fond. Dans ce poème épique, il est également question d'une chasse à laquelle aurait participé Siegfried et, qui, partie de Worms, aurait traversé le Rhin. Le théâtre de l'action serait donc sur la rive droite du Rhin. Aussi de zélés détectives locaux découvrirent-ils les bas-fonds en question dans les environs du monastère de Lorsch, situé à l'est de Worms, de l'autre côté du Rhin. La source, dont il est fait état dans le Chant jaillissait également en cet endroit, et n'était autre qu'un abreuvoir pour le gibier, perdu dans la nature, et qui, dans la région, avait de toujours été appelé „Lindelbrunnen". Cela devrait donner à réflechir. La Weschnitz, une petite rivière, naît dans cette forêt marécageuse et se met à serpenter pour rejoindre le Rhin. En conclurons-nous que ce soient là les lieux du crime? Cela est fort probable, mais ne peut être affirmé avec une exactitude absolue.

Les temps changent. Aujourd'hui, c'est la gigantesque centrale nucléaire de Biblis qui se trouve à proximité de ce site. (Bloc A: 1200 mégawatts, Bloc B: 1300 mégawatts; un mégawatt = un million de watts). Mais les Nibelungen ont d'autres chats à fouetter.

Die Zeiten ändern sich. Heute ist das gewaltige Kernkraftwerk Biblis in der Nähe (Block A: 1200 Megawatt, Block B: 1300 Megawatt; 1 MW = eine Million Watt). Aber das ist nicht mehr der Nibelungen Not. „Drübbe", bißchen weiter unten, liegt Nackenheim, der Geburtsort des Dichters Carl Zuckmayer. Dort hat er 1926 seinen „Fröhlichen Weinberg" angelegt, ein dionysisches, deftiges Spiel um Liebe, Wein und Männergesang, mit dem lebensfrohen Weingutsbesitzer Jean Baptiste Gunderloch im Mittelpunkt.

20 Jahre später, in Amerika, schrieb er in „Des Teufels General" über die Menschen seiner Heimat Sätze, die zu dem Kraftvollsten, Schönsten und Wichtigsten über deutsches und europäisches Selbstverständnis gehören, was in unserem Jahrhundert formuliert worden ist. Als Harras, „Des Teufels General", von Leutnant Hartmann erfährt, daß dessen Familie vom Rhein stammt, meint er voller Zuckmayerscher Sprachkraft und Begeisterung:

„Vom Rhein. Von der großen Völkermühle. Von der Kelter Europas! Und jetzt stellen Sie sich doch mal Ihre Ahnenreihe vor – seit Christi Geburt.

Da war ein römischer Feldhauptmann, ein schwarzer Kerl, braun wie 'ne reife Olive, der hat einem blonden Mädchen Latein beigebracht. Und dann kam ein jüdischer Gewürzhändler in die Familie, das war ein ernster Mensch, der ist noch vor der Heirat Christ geworden und hat die katholische Haustradition begründet. Und dann kamen ein griechischer Arzt dazu, oder ein keltischer Legionär, ein Graubündner Landsknecht, ein schwedischer Reiter, ein Soldat Napoleons, ein desertierter Kosak, ein Schwarzwälder Flößer, ein wandernder Müllerbursch vom Elsaß, ein dicker Schiffer aus Holland, ein Magyar, ein Pandur, ein Offizier aus Wien, ein französischer Schauspieler, ein böhmischer Musikant – das alles hat am Rhein gelebt, gerauft, gesoffen und gesungen und Kinder gezeugt und – und der Goethe, der kam aus demselben Topf, und der Beethoven, und der Gutenberg, und der Matthias Grünewald, und – ach was, schau im Lexikon nach.

Es waren die Besten, mein Lieber. Und warum? Weil sich die Völker dort vermischt haben. Vermischt – wie die Wasser aus Quellen und Bächen und Flüssen, damit sie zu einem großen, lebendigen Strom zusammenrinnen. Vom Rhein – das heißt: vom Abendland."

Uraltes Mainz. Goldenes Mainz. Modernes Mainz. Hier zu ankern und durch die Stadt zu gehen, das heißt auch, die 2000 Jahre Geschichte aus Zuckmayers Lobgesang auf den Rhein in Stein zu erleben.

Mainz. Am Fluß der älteste Ort, und der ehrwürdigste. Der Sonnengott Mogus, der Mogon der Kelten, hatte hier in grauer Vorzeit seine Kultstätte, und vielleicht gab er der Stadt den Namen. Noch vor Christi Geburt bauten die Römer genau dort ihr Lager, um in ihrer Provinz Germania superior einen Stützpunkt zu haben. Sie machten Nägel mit Köpfen, mit Brückenköpfen. Ihren Feldherrn Agrippa nannten sie Germanicus, um ihn zu ehren. Einfallsreiche, wagemutige, unternehmungslustige Kerle, diese Römer. Auf 20 Steinpfeilern schlugen sie die erste dauerhafte Brücke über den Rhein, mit Holzbögen, 20 Meter breit, 300 Meter übers Wasser gespannt – eine grandiose Leistung. Irgendwann später ist sie in der Völkerwanderung von Vandalen zerstört worden. Aufbau und Zerstörung, immer das Schicksal am Rhein. Karl der Große ließ auf die Reste der Römerbrücke eine neue Brücke setzen. Die brannte gleich nach der Einweihung ab.

Danach hat es 1000 Jahre gedauert, bis wieder fest gebaut wurde. Über die zuvor hier verankerte schwankende Schiffsbrücke ritten und rannten 1813 Napoleons geschlagene Soldaten nach dem russischen Abenteuer ihres Kaisers so gehetzt in die Heimat zurück, daß sie mit den vielen Menschen und Pferden zu kippen drohte.

Aufbau, Zerstörung. Die Menschen bauten ihrem Christengott am Fluß einen großen Dom. Mainz war zu einer Metropole des Christentums geworden. Als er geweiht werden sollte, 1009, brannte er noch am Festtage ab. Die deutschen Kaiser ließen erneut bauen, je nach Können und Vermögen. Sie holten sich die Besten dazu, und im 13. Jahrhundert stand das „Goldene Mainz" (Aurea Moguntia) als Hauptort des 1245 gegründeten Rheinischen Städtebundes in voller Blüte. Schon seit 1198 war der Mainzer Erzbischof als Kurfürst an der Wahl des deutschen Königs beteiligt.

Jahrhunderte später zog die Pracht des Barock in die kurfürstliche Residenz ein. Mainz war dann nach der Französischen Revolution mal Republik, mal Hauptstadt des französischen Departements Donnersberg, mal Hauptstadt der Provinz Rheinhessen. Im letzten Krieg wurde die Altstadt zu 80 Prozent zerbombt; heute ist Mainz Hauptstadt des Bundeslandes Rheinland-Pfalz. Vom Lerchenberg herunter strahlt das ZDF weit nach Europa hinein. Mainz hat wieder was zu melden.

Times change, and Biblis nuclear power station now looms nearby, with its A Block generating 1,200 megawatts and its B Block generating 1,300 megawatts. But it is no longer the Nibelungs' burden.

Nackenheim, a little further downstream, is where the playwright Carl Zuckmayer was born. In 1926 he set his "Fröhlicher Weinberg," or Cheerful Vineyard, here. It tells a Dionysian, forthright tale of love, wine and men singing and is centred on the life and times of Jean Baptiste Gunderloch, a merry vineyard-owner full of joie de vivre.

Twenty years later, in the United States, he wrote "Des Teufels General," a play in which what he has to say about people from his part of the world is among the finest, most powerful and most significant statements made this century about how Germans and Europeans see themselves. When Harras, the Devil's General, is told by Lieutenant Hartmann that his, Hartmann's, family come from the Rhine he says, full of Zuckmayer's strong words and admiration:

"From the Rhine. From the mill of the peoples, the winepress of Europe! Just imagine who your ancestors may have been since the birth of Christ.

"One will have been a Roman captain, dark-haired and brown-skinned, as brown as a ripe olive, who taught a blonde girl Latin. Then a Jewish spice trader became a member of the family. He was a serious man who converted to Christianity before he married and laid the foundations of the family's Roman Catholic traditions. Then came a Greek doctor, or a Celtic legionary, a Swiss mercenary from Graubünden, a Swedish hussar, a Napoleonic soldier, a Cossack deserter, a Black Forest raftsman, a miller's apprentice from Alsace, a stout skipper from Holland, a Hungarian cavalry officer from Vienna, a French actor, a Bohemian musician. They all lived and squabbled, drank and sang, sired children on the Rhine. Goethe was one of their kind, as were Beethoven, Gutenberg, Matthias Grünewald and stacks more. Look them up in the encyclopaedia!

"They were the best, my friend, and why? Because the peoples mixed there. Mixed, like water from springs and streams and rivers that joins to form a large and living river. From the Rhine means from the West."

Age-old Mainz. Golden Mainz. Modern Mainz. To cast anchor here and walk round the city is to see in stone the 2,000 years of history in Zuckmayer's hymn of praise to the Rhine.

Mainz is the oldest place on the river, and certainly the most time-honoured. The sun-god Mogus, the Celtish Mogon, was worshipped here in the dim and distant past. It may owe him its name. The Romans set up camp here even before the birth of Christ; it was their base in the province of Germania Superior. The Romans made their mark by building bridgeheads. They named their general Agrippa "Germanicus" in honour of the conquest. They were imaginative, dare-devil, adventurous men, the Romans. They built the first permanent bridge over the Rhine on 20 stone pillars. It had wooden arches. It was 20 metres wide and spanned 300 metres of water. It was a magnificent achievement. It was later destroyed by Vandals in the Dark Ages. Construction and destruction has always been the pattern of events on the Rhine. Charlemagne had a new bridge built on the foundations of the old, but it burnt down as soon as it was inaugurated.

It was another 1,000 years before the next fixed bridge was built. In the meantime people had to make do with pontoon bridges. In 1813, for instance, men of Napoleon's Grande Armée ran or rode for their lives after the disastrous Russian campaign, heading home so fast and furiously that horse and rider threatened to turn the bridge turtle.

Construction and destruction. Down by the river people built a large cathedral to their Christian god. Mainz became a metropolis of Christianity. When the cathedral was due to be consecrated in the year 1009 it burnt down that very day. Successive Holy Roman Emperors had more work done to the best of their wealth and ability. They hired the best craftsmen, and in the 13th century Golden Mainz (Aurea Moguntia) was in its heyday as the capital of the Rhenish League, a group of cities founded in 1245. From 1198 the archbishop of Mainz was one of the electoral princes who elected the Holy Roman Emperor.

Centuries later the splendour of the Baroque era was a keynote of the prince-archbishop's palace and capital city. In the wake of the French Revolution Mainz was first a republic, then capital of the French département of Donnersberg, then capital of Rheinhessen province. In World War II 80 per cent of the Altstadt was bombed flat. Mainz today is capital of the Rhineland-Palatinate. From up on the Lerchenberg ZDF TV beams programmes to much of Europe. Mainz has something to say for itself once more.

De l'autre côté, un peu plus en aval, se trouve Nackenheim, ville natale de l'écrivain Carl Zuckmayer. C'est là qu'il planta le cadre de son livre „Le Joyeux Vignoble", parut en 1926, une comédie dionisiaque et libertine où il est question de vin, d'amour et d'orphéons et au centre de laquelle opère Jean Baptiste Gunderloch, un vigneron à l'humeur folâtre.

Vingt ans plus tard, en Amérique, il écrivit dans le „Général du diable", à propos des habitants de son pays d'origine, des phrases qui font parties de ce qui a été formulé de plus puissant, de plus beau et de plus signifiant au cours de notre siècle, quant à la définition de l'être allemand et européen. Lorsque le „Général du diable", Harras, apprend de la bouche du lieutenant Hartmann que la famille de ce dernier est originaire du Rhin, il déclare, avec la verve et l'enthousiasme propres à Zuckmayer: „Du Rhin. Du grand creuset où sont moulus les peuples. Du pressoir de l'Europe. Imaginez-vous maintenant la lignée de vos ancêtres – depuis la naissance du Christ. Il y eut un grand capitaine romain, un gaillard tout noir, boucané comme une olive mûre, qui enseigna le latin à une jeune fille blonde. Puis, un marchand d'épices fit son apparition dans la famille; c'était un homme austère qui s'était converti au christianisme avant son mariage et fonda la tradition catholique de la famille. Vint ensuite un médecin grec ou un légionnaire celte, un lansquenet du Canton des Grisons, un chevalier suédois, un soldat de Napoléon, un cosaque ayant déserté, un flotteur de bois de la Forêt Noire, un jeune meunier itinérant, venu d'Alsace, un gros batelier hollandais, un magyare, un Pandur, un officier viennois, un acteur français, un musicien de Bohème – tout cela a vécu au bord du Rhin, s'est bagarré, s'est abreuvé d'alcool, a chanté, engendré des enfants et – et Goethe, lui aussi, est issu de ce même creuset, et Beethoven et Gutenberg et Matthias Grünewald et – Ah et puis zut, regarde donc dans le dictionnaire. Ils étaient les meilleurs, mon cher. Et pourquoi? Parce que les peuples s'y sont amalgamés – confondus, comme les eaux de sources, de ruisseaux, de rivières qui confluent pour devenir un grand fleuve plein de vie. Du Rhin: cela veut dire de l'Occident."

Mayence, ville vieille comme le monde. Mayence, la „Dorée", Mayence, „la Moderne". Jeter l'ancre ici et cheminer à travers la ville signifie aussi contempler 2000 ans d'histoire pétrifiée, d'une histoire telle que nous la narre Zuckmayer dans son hymne au Rhin.

Mayence. Le plus ancien site en bordure du fleuve et le plus vénérable. A l'aube des temps, Mogus, le dieu du soleil, le Mogon des Celtes, y avait élu son sanctuaire et il est même possible qu'il donna son nom à la ville. Avant la naissance du Christ, les Romains y avaient déjà établi leur camp afin de disposer d'un point d'appui dans leur province „Germanie supérieure". Il n'y allèrent pas par quatre chemins, mais érigèrent des têtes de pont. Ils baptisèrent Germanicus leur capitaine Agrippa afin de l'honorer. Ces Romains étaient des gaillards bouillonnant d'imagination, téméraires et doués d'esprit d'entreprise. Ils relièrent les deux rives du Rhin en érigeant le premier pont en dur, de 20 mètres de large et enjambant l'eau à 300 mètres au-dessus du courant, l'assirent sur 20 piles de pierre et le dotèrent d'arches en bois – une grandiose performance. Plus tard, à l'époque de la migration des peuples, on ne sait très bien quand, il fut réduit à néant par les Vandales. Construction et destruction, ainsi le veut le destin pour ce qui est du Rhin. Charlemagne fit remplacer le pont datant de l'époque des Romains par un pont neuf. Mais celui-ci s'envola en fumée juste après son inauguration. Il fallut attendre mille ans pour que fussent, de nouveau, bâtis des ouvrages de pierre. Le pont flottant que l'on ancra auparavant en cet endroit du fleuve, vit les soldats de Napoléon battre en retraite, en 1813, après l'aventure russe de l'empereur, et galoper en telle hâte que le pont menaça de s'effondrer et d'emporter hommes et chevaux.

Construction, destruction. Les hommes érigèrent une grande cathédrale en bordure du fleuve, en signe de vénération de leur dieu chrétien. Mayence était devenue un centre de la chrétienté. Lorsque la cathédrale fut consacrée, en l'an 1009, un incendie la détruisit le jour même de la cérémonie. Les empereurs allemands n'eurent de cesse de la reconstruire, dans la mesure où leur savoir et leur fortune respectifs le leur permirent. Ils se mirent en quête des meilleurs bâtisseurs et, au 13e siècle, Mayence „la Dorée" (Aurea Moguntia), qui fut fondée en 1245 et était capitale de la Confédération des villes rhénanes, avait atteint son apogée. Depuis 1198 déjà, l'archevêque de Mayence participait, en tant que prince électeur, à l'élection du roi allemand.

Des siècles plus tard, la splendeur du baroque faisait son entrée dans la résidence du prince électeur. Après la Révolution française, Mayence fut République, puis chef-lieu du département français de Donnersberg, puis capitale de la province de la Hesse rhénane. Pendant la dernière guerre, la vieille ville fut détruite à 80% par les bombardements. Aujourd'hui, Mayence est la capitale du Land Rhénanie-Palatinat. Du haut de la colline de Lerchenberg, la deuxième chaîne de Télévision allemande répand son message jusqu'au plus profond du cœur de l'Europe. Mayence a de nouveau quelque chose à dire.

„In die abendlichen Lüfte steigt ein wunderbarer Dom" – so äußerte sich einfühlsam und begeistert der Lyriker Martin Greif aus Speyer über seine Stadt. Das hochromanische Gotteshaus prägt seit Jahrhunderten das Bild Speyers.

"Into the evening air a wonderfull cathedral rises," wrote poet Martin Greif enthusiastically and with feeling about his home town of Speyer. The Romanesque church has for centuries been a highlight of the town's skyline.

„Dans les cieux crépusculaires monte une merveilleuse cathédrale", ainsi le poète lyrique, Martin Greif, originaire de Spire, donnait-il libre cours à son enthousiasme en décrivant avec sensibilité sa propre ville. Depuis des siècles, la cathédrale, née de l'art roman à son apogée, donne son empreinte à la physionomie de Spire.

Die Domstadt Worms war zur
Zeit der Völkerwanderung
Hauptstadt des Burgunderreichs.
Hier liegen die geschichtlichen
Grundlagen des Nibelungenliedes. Etwas von so alter Herr-
lichkeit ist in der Atmosphäre
noch vorhanden. Das lassen die
Türme von Dreifaltigkeitskirche
und Dom ebenso spüren wie
der mächtige Eckpfeiler der
alten Rheinbrücke.

In the Dark Ages the cathedral
city of Worms was capital of
the kingdom of Burgundy and
the scene of historic events on
which the Nibelungenlied was
based. A little of the old splendour is still in evidence, as seen
in the spires of the Dreifaltigkeitskirche and the Dom and
the massive columns of the old
Rheinbrücke.

La ville de Worms, avec sa cathédrale, était la capitale du royaume des Burgondes à l'époque
de la migration des peuples. Un
rien de ce glorieux passé empreint encore son atmosphère.
C'est le message qui se dégage
des tours de l'Eglise de la Tri-
nité et de la cathédrale ainsi que
des imposants piliers d'angle de
l'ancien Pont du Rhin.

Domstadt, Gutenbergstadt, Kurfürstenstadt, Erzbischofstadt, Universitätsstadt, Landeshauptstadt – und schließlich mit der „Määnzer Fassenacht" eine der Hochburgen des Karnevals. Zum Aussuchen. Das goldene Mainz – hier der Dom – ist der vielseitige südliche Auftakt des „romantischen Rheins".

Cathedral city, the city of Gutenberg, city of electoral princes and archbishops, university town and state capital, Mainz with its "Määnzer Fassenacht" is also a stronghold of Fasching, the carnival season. The choice is yours. Golden Mainz, of which the cathedral is here seen, is the versatile southern gateway to the Romantic Rhine.

Ville dotée d'une cathédrale, ville de Gutenberg, ville des princes électeurs, ville archiépiscopale, ville universitaire, capitale du Land et, pour finir, fief de sa Majesté Carnaval et théâtre de la „Määnzer Fassenacht". Comme il vous plaira de choisir. Mayence „la Dorée" – ici la cathédrale – constitue un prélude aux multiples visages, ouvrant, au sud, la voie menant à la découverte du „Rhin romantique".

Jetzt beginnt ein Gedicht. Seine Überschrift heißt „Rheingau", und seine Verse setzen sich aus Orts- und Lagennamen zusammen, von denen jeder einzelne hohe Poesie ist – und dies nicht nur für den Weinfreund.

„Ein Leben wie im Paradies/ Gewährt uns Vater Rhein", heißt es in einem alten Trinklied, Ludwig Hölty hat es geschrieben. Frohen Weingesang gibt es von bekannten und unbekannten Reimern. Als die Rheinbegeisterung im frühen 19. Jahrhundert hohe Wellen schlug, rief Theodor Körner zum Beispiel patriotisch aus: „Am Rhein, am Rhein/ Reift deutscher Wein/ Und deutsche Kraft/ Im Rebensaft./ Dem Vaterland mit voller Macht/ Ein dreifach donnernd Hoch gebracht!" Nur Goethe blieb bei dem Donner gelassen, gab aber doch dem Rheingau die edle Bezeichnung „hochgesegnete Gebreiten".

Von Hochheim am Main bis nach Eltville, von Erbach über Rüdesheim und Assmannshausen bis nach Lorch klettern die feinen Rheingauer Lagen vom Fluß her empor; Gottesthal, Mehrhölzchen, Mäuerchen, Mönchspfad, Vogelsang, Bischofsberg, Jesuitengarten, Roseneck, Edelmann und Jungfer sind nur ein paar Beispiele; Wein macht halt poetisch. Daß die Beschäftigung mit Rheingauer Weinen ein adliges Vergnügen ist, beweist ein Blick ins Branchenadreßbuch. Hier gibt es den Grafen von Matuschka-Greiffenclau auf Vollrads, die Metternichs auf Johannisberg, den Baron Ritter zu Groenensteyn in Rüdesheim, den Freiherrn Langwerth von Simmern in Eltville und den Fürsten zu Löwenstein in Hallgarten. Winzeradel, und das ist nur eine Auswahl.

Aber es ist nicht alles Rheingold, was glänzt. Zur Poesie kommt oft genug die Prosa. Frohe Feste, feste Sorgen. Ein Beispiel: Rüdesheim. Das Rheingaustädtchen unterhalb des Niederwaldes ist ein Pracht- und Prunkstück, und dies nicht nur wegen der weltberühmten Drosselgasse und auch nicht nur wegen der wuchtigen, über zehn Meter hohen Germania auf einer vorgeschobenen Kante der Waldberge.

Feuchtfröhlich indes ist hier so vieles. Mit der allgemeinen Feuchtigkeit, die dem Wein so guttut, hängt das vielleicht weltgeschichtliche Scheitern eines Sprengstoffattentats zusammen. Es galt dem deutschen Kaiser Wilhelm I., der 1883 zur Einweihung des Niederwalddenkmals gekommen war. Das Dynamit zündete nicht. Die Lunte war feucht geworden; ob da Rüdesheimer Wein verschüttet worden ist, konnten die Historiker nicht zweifelsfrei ausmachen.

Die Sorgen heute sind anders. Ernste Verkehrsprobleme beschäftigen Winzer und Gastronomen. Denn eine vielbefahrene Bundesstraße, die B 42, und direkt daneben ein mehrgleisiger aufgeschütteter Bahndamm

trennen Rhein und Rüdesheimer voneinander. Um vom Ort aus auf den Fluß zu blicken, muß man hohe Luftsprünge machen, und umgekehrt ist der liebliche Weinort vom Fluß her nicht gebührend zu bewundern. Das Ganze aber ist nicht nur eine Frage der schönen Aussichten. Denn außer Tausenden von Autos fahren hier Tag für Tag Hunderte von Zügen durch, und das erschüttert die Bürger im wahren Sinne des Wortes. Die Verkehrsprobleme teilt Rüdesheim, obwohl vielleicht extrem betroffen, mit vielen anderen Orten am Rhein.

Bingen liegt, eine Flußbreite von Rüdesheim entfernt, auf der anderen Rheinseite und ist mit dem Auto rasch zu erreichen. Von Burg Klopp und ihrer etwas tiefer gelegenen Terrasse aus läßt der ins Rheintal wandernde Blick die Rüdesheimer Sorgen klein erscheinen. Sie sind es auch, bedenkt man nur die Schrecken, die das Binger Loch an der Biegung des Flusses einst den Rheinschiffern eingejagt hat. Mit seiner Grün-Rot-Ampel steht der Mäuseturm auf einem Riff davor wie ein strammer Verkehrspolizist im Wasser. Erst die Bohrmethoden der jüngeren Vergangenheit haben erreicht, daß der Rhein zwischen Stromkilometer 528 und 531 endlich ohne Gefahr zu passieren ist. Da gab es früher viele böse Havarien; die Quarzitbarriere im Strom, eine Fortsetzung von Taunus und Hunsrück unter Wasser, hat den Fluß tückisch versperrt. Zu mittelalterlichen Zeiten mußten die Schiffsgüter sogar in Rüdesheim ausgeladen werden. Per Gespann wurden sie nach Lorch gekarrt und dort auf andere Schiffe verladen.

Manche Stromschnellen sind auch heute noch gefährlich, und man muß immer noch ein bißchen staunen, daß Otto von Bismarck im besten Mannesalter von 36 Jahren einmal nachts von Rüdesheim bis zum Binger Loch geschwommen ist; „die Burgzinnen glänzten im Mondlicht" schrieb er begeistert seiner lieben Frau.

Der Rhein schlägt Kapriolen. Er kurvt mitunter wie ein übermütiger Junge auf einem Skateboard durchs Gebirge, schlängelt sich durch Schluchten und düstere Felsen und braucht für die 40 Kilometer Luftlinie zwischen Binger und Lahnsteiner Pforte 62 Flußkilometer. Steile Rebhänge und schattenblaue Bergwälder werten in den Engtälern jede Rheinfahrt zu einem romantischen Erlebnis auf. Das war etwas für die Poeten. Rheingedichte, hier empfunden, füllen Bände. „Düster staunend seinen Lauf,/ Hört der Strom zu glänzen auf./ Jubel wandelt sich in Ruh,/ Finster schließt das Tal sich zu./ Wie ein Markstein hingestellt/ An den Pfad zur Schattenwelt,/ Halb verhüllt vom Nebelflor,/ Ragt der graue Turm empor" – so beginnt eine Ballade von Gustav Pfarrius, 1860 gereimt und als Beispiel für viele zitiert.

Jetzt aber wird es noch poetischer, Romantik hoch zwei – „und das hat mit ihrem Singen/ Die Loreley getan." Da weiß jeder gleich Bescheid, wenn hier mal das bekannteste Gedicht von Heinrich Heine vom Ende her zitiert wird. Denn kurz vor St. Goarshausen,

What now begins is a poem entitled Rheingau, with lines consisting of place and vintage names each of which is sheer poetry, and and not just for wine-lovers.

"Ein Leben wie im Paradies/ Gewährt uns Vater Rhein" (A life as in paradise is what Father Rhine gives us) is a snippet from an old drinking song written by Ludwig Hölty. Convivial wine songs have been written by poets known and unknown. When enthusiasm about the Rhine came to a head in the early years of the 19th century Theodor Körner for one wrote the patriotic words "Am Rhein, am Rhein/ Reift deutscher Wein/ Und deutsche Kraft/ Im Rebensaft./ Dem Vaterland mit voller Macht/ Ein dreifach donnernd Hoch gebracht!" (On the Rhine, on the Rhine, German wine matures, and German strength in the juice of the vine. Three loud and lusty cheers to the Fatherland!). Goethe alone kept his composure amid all this thunder, yet he too called the Rheingau a land of the blessed.

From Hochheim am Main to Eltville, from Erbach, Rüdesheim and Assmannshausen to Lorch the fine Rheingau vines grow on the slopes overlooking the river. They have names such as Gottesthal, Mehrhölzchen, Mäuerchen, Mönchspfad, Vogelsang, Bischofsberg, Jesuitengarten, Roseneck, Edelmann and Jungfer. Wine seems to hit a poetic streak. And a glance at the Yellow Pages is enough to show that wine is a trade beloved of the nobility. Growers include Graf von Matuschka-Greiffenclau at Vollrads, the Metternichs at Johannisberg, Baron Ritter zu Groenensteyn in Rüdesheim, Freiherr Langwerth von Simmern in Eltville and Fürst zu Löwenstein in Hallgarten. Winegrowing noblemen all, and they are just a selection.

Yet all that glitters is not Rheingold. Poetry often comes with prose. Festivities may be on a large scale, but so may the problems. Rüdesheim is a case in point. The little Rheingau town at the foot of the Niederwald is magnificent, a sight for sore eyes, and not just for its world-famous Drosselgasse or the majestic figure of Germania, over 10 metres tall, on her pedestal against the backdrop of wooded hills.

A glass of wine brings good cheer and goes well with anything you do in Rüdesheim, and the dank and humid atmosphere in which wine matures so well may well have been to blame for the failure of an attempt to assassinate Kaiser Wilhelm I, who was in town in 1883 to inaugurate the Niederwald Monument. The dynamite failed to ignite because the fuse was damp. Historians have failed to prove beyond reasonable doubt whether Rüdesheim wine was spilt in the process.

Today's problems are different. Serious traffic problems beset wine-growers and caterers alike. Rüdesheim and the Rhine are separated by the B 42, a busy trunk road, and several tracks of railway embankment.

You need to jump high to see the Rhine from Rüdesheim, while Rüdesheim cannot be seen as it deserves to be seen from the river. It isn't just a matter of the view. Thousands of cars a day drive past, as do hundreds of trains, shaking Rüdesheim to its foundations. Rüdesheim is seriously affected but it shares its traffic problems with many other places on the banks of the river.

Bingen, on the other bank of the Rhine, is a river's breadth away and easily reached by car. The view of the Rhine valley from Burg Klopp and its low-lying terrace makes Rüdesheim's worries look small. So they are in comparison with the trouble boatmen used to have with the Bingen Hole at a bend in the river. With its green and red lights the Mäuseturm still stands guard like a traffic cop on a reef just before the obstacle. It has taken recent developments in drilling technology to ensure that the Rhine can at long last be navigated without danger to life or limb between its 528 and 531 km marks. There used to be many bad shipwrecks. A seam of quartzite in the river bed, an extension of the Taunus and Hunsrück hills, was the hazard. In the Middle Ages cargoes were offloaded in Rüdesheim and carried by horse and cart to Lorch, where they were transferred to fresh boats.

Some of the rapids are still dangerous, and it comes as a surprise to learn that Otto von Bismarck in his prime, aged 36, once swam by night from Rüdesheim to the Bingen Hole, writing enthusiastically to his dear wife that the castle battlements gleamed in the moonlight.

The Rhine cuts capers. At times it wends its way through the hills like a daredevil kid on a skateboard. As it negotiates the deep gorges and gloomy rocks between the Bingen and Lahnstein gaps it takes 62 km to cover 40 km as the crow flies. But steep vineyards and the blue shadow cast by hillside woodland in the narrow valley makes every journey along the Rhine a romantic experience that has inspired generations of poets to write bookfuls of poems about the Rhine. "Düster staunend seinen Lauf,/ Hört der Strom zu glänzen auf,/ Jubel wandelt sich in Ruh,/ Finster schließt das Tal sich zu./ Wie ein Markstein hingestellt/ An den Pfad zur Schattenwelt,/ Halb verhüllt vom Nebelflor,/ Ragt der graue Turm empor." (Gloomily amazed at the course it is taking, the river stops gleaming, and jubilation is transformed into quiet as the valley closes darkly in. Placed like a boundary stone on the road to the realm of shades, half-concealed by fog, the grey tower looms large.) These opening words of a ballad penned by Gustav Pfarrius in 1860 may serve as an example that stands for many more. It now grows even more poetic and romantic on an

La place est maintenant à un poème. Son titre est „Rheingau", et ses vers sont constitués de toponymes et de noms de grands crus, dont chacun est, en soi, pure poésie − et cela non seulement pour l'amateur de vin.

„Le paradis terrestre nous est donné en partage par notre Père, le Rhin", dit-on dans une vieille chanson à boire, dont Ludwig Hölty est l'auteur. Le vin a été chanté par des bardes connus et inconnus. Lorsque l'enthousiasme que soulevait le Rhin à l'aube du 19e siècle atteignit au délire, Theodor Körner, par exemple, s'exclamait dans un élan de patriotisme: „Sur les bords du Rhin / Sur les bords du Rhin / Murit le vin allemand / Et la puissance allemande / Dans le jus de la treille / A la patrie / Trois hourras tonitruants, lancés à pleine gorge." Seul, Goethe garda son calme malgré ce fracas de tonnerre, n'hésitant pas, toutefois, à appliquer au Rheingau le noble qualificatif de „latitudes hautement bénies".

De Hochheim sur le Main jusqu'à Eltville, d'Erbach, en passant par Rüdesheim et Assmannshausen, jusqu'à Lorch, les vignobles réputés du Rheingau partent des bords du fleuve et grimpent au flanc des collines jusque sur les hauteurs: Gottesthal, Mehrhölzchen, Mäuerchen, Mönchspfad, Vogelsang, Bischofsberg, Jesuitengarten, Roseneck, Edelmann et Jungfer, pour n'en citer que quelques exemples. C'est que le vin fait pousser des ailes de poète. Il suffit d'ailleurs de jeter un coup d'œil dans l'annuaire du commerce pour constater que, dans le Rheingau, ce qui a rapport à l'œnologie est un noble plaisir. On y trouve le comte de Matuschka-Greiffenclau au château de Vollrads, les Metternichs du domaine de Johannisberg, le baron Ritter zu Groenensteyn à Rüdesheim, le baron Langwerth von Simmern à Eltville et le prince zu Löwenstein à Hallgarten. Gotha de la viticulture. Et nous en passons d'autres.

Mais tout ce qui brille n'est pas or, sur le Rhin, pas plus qu'ailleurs. La poésie fait place, par trop souvent, au prosaïsme. Joyeuses fêtes, grands soucis. Un exemple: Rüdesheim. Cette petite ville du Rheingau, tapie en bas du Niederwald est une petite merveille et un vrai joyau, non pas seulement parce qu'elle recèle la Drosselgasse, célèbre dans le monde entier, et pas non plus en raison de l'opulente „Germania", haute de six mètres et située sur un surplomb de la colline boisée. De sérieux problèmes de circulation accablent tant les viticulteurs que les gastronomes. Car la route nationale B 42, très fréquentée, ainsi que le remblai surélevé et à plusieurs voies de la ligne de chemin de fer, séparent le Rhin de la ville de Rüdesheim. Pour voir le fleuve, les habitants sont obligés de faire des sauts de hauteur appréciable et, inversement, la riante localité viticole ne peut être admirée du fleuve comme elle mériterait. Mais tout cela n'est pas seulement une question de vue, belle en l'occurence. Car, en dehors des milliers de voitures, ce sont des centaines de trains qui défilent ici, jour après jour, ébranlant les habitants au sens littéral du terme. Bien que particulièrement touché, Rüdes-

heim partage ces problèmes de circulation avec nombre d'autres localités bordant le Rhin.

Bingen, à peine plus éloigné de Rüdesheim que le fleuve n'est large, se trouve sur la rive opposée du Rhin et est rapidement accessible en voiture. Du château féodal de Klopp et de sa terrasse, située en contrebas, le regard que le spectateur promène sur la vallée du Rhin fait paraître bien insignifiantes les préoccupations des citoyens de Rüdesheim. Et elles le sont véritablement, si l'on pense à la terreur que la „Trouée de Bingen" semait jadis parmi les bateliers du Rhin, là où le fleuve dessine une boucle. Équipée de feux, la „Tour des Souris", émergeant de l'eau sur un rocher, donne l'impression d'être un agent de la circulation au garde-à-vous. Il a fallu attendre que des méthodes de forage soient mises au point dans un passé relativement récent pour que le Rhin soit enfin franchissable sans danger, entre le kilomètre 528 et 531 du fleuve.

De nombreuses et graves avaries s'y produisirent autrefois; la barrière de quartzite, prolongement du Taunus et du Hunsrück sous l'eau, a perfidement verrouillé le cours de l'eau. Au temps du Moyen Age, les cargaisons devaient être déchargées à Rüdesheim et, après avoir été transbordées sur des voitures tirées par des chevaux, elles étaient acheminées vers Lorch où elles étaient mises à bord d'autres bateaux.

Le Rhin fait des cabrioles. Tel un jeune garçon qui, débordant de vitalité, glisse sur son skateboard, il perce la montagne de ses méandres, serpente à travers les gorges et la roche austère, parcourant 62 kilomètres entre la Porte de Bingen et de Lahnstein que séparent 40 kilomètres seulement. Les collines escarpées, plantées de vignobles et les forêts ombreuses et bleuâtres s'accrochant au flanc de la montagne, font une aventure romantique de tout voyage sur le Rhin menant à travers ses vallées encaissées. Voilà pour les poètes. Les poèmes que le Rhin inspira, à cet endroit, remplissent des volumes entiers.

„Regardant son cours avec un austère étonnement / Le fleuve cesse de scintiller / L'allégresse devient silence / Lugubre, la vallée se ferme / Telle une borne posée / Sur le chemin menant au royaume des ombres / A moitié voilée d'un crêpe de brume / la tour grise se dresse", ainsi commence une ballade de Gustav Pfarrius, écrite en 1860 que nous citons ici à titre d'exemple représentatif de tant d'autres.

Mais il y a encore plus poétique − le romantisme puissance deux, en quelque sorte: „Et c'est bien elle qui en est la cause / La Loreley avec son chant." Chacun sait à quoi s'en tenir lorsqu'il est fait mention, à rebours cette fois-ci, du poème le plus connu de Heinrich Heine. En effet, c'est à peu de distance de St. Goarshausen, sur la rive droite du fleuve, que se dresse le symbole du Rhin, le rocher de la Lorelei, dont la célébrité a fait le tour du monde. Les Bateliers eurent beau-

rechtsrheinisch, liegt das weltbekannte Rheinsymbol, der Loreleyfelsen. An ihm kamen die Schiffer nur schwer – die Geschichte der lockenden Blondine kennt man ja –, die Dichter aber überhaupt nicht vorbei. Wer je in sich ein Quentchen Reimkraft keimen spürte, hat die Lorelei artig, feurig oder mit melancholischer Gebärde bedichtet.

Dabei sieht ihr Felsen so grandios, wie er in den Liedern erscheint, eigentlich nicht aus. 132 Meter hoch und steil abfallend, das stimmt schon; aber so dunkeldüster wie auf den Bildern der Romantiker kommt einem der schöne Rheinbogen davor heute nicht mehr vor. Manche Rheinreisende in den gemütlichen Ausflugsschiffen würden vielleicht gar nicht merken, daß „die schönste Jungfrau sitzet/ Dort oben wunderbar,/ Ihr goldnes Geschmeide blitzet,/ Sie kämmt ihr goldenes Haar". Doch die Kapitäne werfen stets rechtzeitig die Bandmaschinen an, und so tönt aus den Lautsprechern „eine wundersame, gewaltige Melodei". Ist ein Gesangverein an Bord, was häufig passiert, wird rechtzeitig mit der Stimmgabel der Ton angegeben, und die Sangesbrüder und -schwestern haben es zuweilen sogar gern, wenn man fröhlich mitsingt: „Ich weiß nicht, was soll es bedeuten,/ Daß ich so traurig bin ..."

Ein frisches, freches Gedicht aus unserem Jahrhundert sei zum Kontrast noch mit den beiden ersten seiner acht Strophen hingeblättert:

„Die Loreley, bekannt als Fee und Felsen,/ ist jener Fleck am Rhein, nicht weit von Bingen,/ wo früher Schiffer mit verdrehten Hälsen,/ von blonden Haaren schwärmend, untergingen.

Wir wandeln uns. Die Schiffer inbegriffen./ Der Rhein ist reguliert und eingedämmt./ Die Zeit vergeht. Man stirbt nicht mehr beim Schiffen,/ bloß weil ein blondes Weib sich dauernd kämmt."

Das hat mit seinem Witze der Erich Kästner getan.

Die Kronen wahrhaftig der Rheinromantik aber sind die Burgen. Wer links oder rechts vom Strom die Straßen entlangfährt oder per Schiff von Anlegestelle zu Anlegestelle wasserwandert, der kann, wenn er nur Zeit mitbringt und offene Augen hat, zwischen Bingen und Koblenz Burgen sammeln wie andere Leute Briefmarken. Neun zur Linken, neun zur Rechten seien genannt: Links: Rheinstein, Reichenstein, Sooneck, Heimburg, Fürstenberg, Stahleck, Schönburg, Rheinfels, Stolzenfels. Rechts: Ehrenfels, Gutenfels, Katz, Maus, Liebenstein, Sterrenberg, Liebeneck, Marksburg, Lahneck.

Eine Märchenwelt. Stücke zum Staunen, zuweilen zum sanften Spotten, immer aber zum Schauen weit ins Flußtal hinein. Die Denkmal- und Landschafts-

pfleger haben manchmal Hervorragendes zuwege gebracht, manchmal aber auch weggeblickt. Keine Burg blieb so erhalten, wie sie errichtet worden ist. In den Jahrhunderten seit dem frühen Mittelalter wurde jede Anlage mal erweitert und ergänzt, mal zu Teilen zerstört oder bei Umbauten verkleinert – alles je nach Geschmack und sich verändernden Funktionen.

Burgen sollten schützen. Ihre Ritter sollten das Land gegen Feinde von außen verteidigen und die Schiffe auf dem Rhein vor Räubern im Inneren bewahren. Die Dorfleute ringsherum mußten die stolzen Burgen erbauen und durften dafür gegebenenfalls Schutz in ihnen suchen.

Von den Schiffern wurde Zoll kassiert. Manchmal aber blieben die Rittersleut' nicht allzu genau bei ihren Aufgaben und schlugen scharf zu, bei den Bauern, den Schiffern und untereinander. Die Bauern und Schiffer wehrten sich, unter Burgherren gab es Fehden genug. Allein die Glaubenskämpfe des 16. Jahrhunderts boten viele hehre Anlässe, auch mal privat aufeinander einzudreschen.

Als gegen Ende des 17. Jahrhunderts die Heere des französischen Königs Ludwig XIV. ihre Eroberungszüge durchs Rheintal unternahmen, konnten die meisten Burgen den Marodeuren nicht standhalten. Einzig die Marksburg blieb unzerstört auf ihrem Felskegel. Doch auch sie mußte in ihrer 700jährigen Geschichte viele Veränderungen erdulden. Seit 1899 wird sie, als Sitz der Deutschen Burgenvereinigung, gut bewacht. Wer es genau wissen möchte, ist hier richtig: Die Fachbibliothek wartet mit 15 000 Bänden auf.

Überhaupt Burgen heute. Das ist nun wieder ein neues Stück Romantik. Einige kümmern dahin. In vielen sind Museen eingerichtet, oft mit gruseligen Folterkammern; Burg Maus ist Greifvogelwarte. In einigen haben Gemeinden ihre Amtsstuben eingerichtet. Burg Stahleck hoch über dem winkligen Fachwerk von Bacharach ist eine der attraktivsten deutschen Jugendherbergen. Für Rheinstein hatten sich die gelbgewandeten Jünger von Hare Krishna interessiert. Doch die Besitzerin, preußischer Adel, verkaufte ihr verfallendes Prachtstück lieber an einen gefeierten Opernsänger aus Tirol. Das ist denn doch romantischer.

In einigen, etwa in der Schönburg links oder auf Gutenfels rechts, kann man mal Burgfräulein und Burgherr spielen – sie sind Hotels geworden. Die ansehnliche Schönburg mit ihrem leuchtend roten gotischen Wohnbau war, ehe sie zahlende Gäste aufnahm, lange im Besitz eines reichen Amerikaners. Er hieß T. J. Oakley Rhinelander, und da braucht man nicht lange zu raten – natürlich war er Rheinländer. T. J. stammte vom gegenüberliegenden Ufer, aus dem kleinen Dörscheid.

So hat jede Burg ihre große oder kleine Geschichte. Romane könnte man schreiben ...

even higher plane. "And this with her baleful singing,/ Is the Loreley's gruesome work." Every German will immediately identify the closing words of Heine's best-known poem, The Loreley. Just before St Goarshausen on the right bank of the Rhine you will pass that world-renowned symbol of the Rhine, the Loreley Rock. Boatmen found it hard to pass her by (most people will know the tale of the golden-haired maiden). Poets never succeeded. Anyone with the least talent for rhyme has felt obliged to sing the Loreley's praises, demurely, furiously or on a note of melancholy.

The rock itself doesn't look anywhere near as impressive as it is made out to be in verse. True, it is 132 metres tall and pretty steep. But it no longer seems to be quite as dark and foreboding as it is portrayed in Romantic paintings. Many Rhine travellers on the comfortable excursion steamers might well fail to notice that: "The loveliest maiden is sitting,/ Highthroned in yon blue air,/ Her golden jewels are shining,/ She combs her golden hair." But the captain will invariably switch on the tape and the loudspeaker will play the "haunting melody". Should there just happen to be a choir on board, as is often the case, the tuning fork will sound in good time and at times the choristers, male and female, have no objection whatever when others join in and cheerfully sing: "I cannot divine what it meaneth/ This haunting nameless pain ... " The first two verses (out of eight) of a bright and breezy 20th century poem are here quoted to provide a contrast:

"Die Loreley, bekannt als Fee und Felsen,/ ist jener Fleck am Rhein, nicht weit von Bingen,/ wo früher Schiffer mit verdrehten Hälsen,/ von blonden Haaren schwärmend, untergingen.

"Wir wandeln uns. Die Schiffer inbegriffen./ Der Rhein ist reguliert und eingedämmt./ Die Zeit vergeht. Man stirbt nicht mehr beim Schiffen,/ bloß weil ein blondes Weib sich dauernd kämmt."

(The Loreley, well-known as a fair maid and a rock, is the spot on the Rhine near Bingen where boatmen with their heads turned used to founder, enthusing about a head of blonde hair. Times have changed, and so have boatmen. The Rhine is flood-controlled and canalised. No boatman dies these days just because a blonde keeps combing her hair.)

This modern, humorous version is from the pen of Erich Kästner.

But the castles are the pinnacle of Rhine romanticism. Drive along the river, on either side, or travel by boat from jetty to jetty, and if you only have time enough and your eyes wide open you will be able collect castles between Bingen and Koblenz like other people collect stamps. Here are nine on the left bank and nine on the right. Left: Rheinstein, Reichenstein, Sooneck, Heimburg, Fürstenberg, Stahleck, Schönburg, Rheinfels, Stolzenfels. Right: Ehrenfels, Gutenfels, Katz, Maus, Liebenstein, Sterrenberg, Liebeneck, Marksburg, Lahneck.

They form part of a fairytale world. Some are amazing, others slightly ridiculous, but they all keep you peering well ahead. The custodians of ancient monuments and regional planners have at times done outstanding work, while at others they have turned a blind eye. None of the castles has been preserved in its original condition. Each has had additions and enlargements in the centuries that have elapsed since the early Middle Ages. Some have been partly destroyed, others converted and made smaller, each in accordance with changing fashions and the roles they were expected to play. Castles were originally built for protection. Their knights were supposed to defend the area from external enemies and to protect Rhine shipping from waterway robbers. Local villagers had to build the proud castles but were allowed to seek refuge within their walls if the need were to arise.

The boatmen had to pay toll fees. At times the knights did not take their duties too seriously and attacked farmers, boatmen and each other. Farmers and boatmen defended themselves to the best of their ability, while the lords of the castle were often feuding. The religious wars of the 16th century provided ample opportunity of settling old scores.

When, towards the end of the 17th century, the marauding armies of France's Louis XIV invaded the Rhine valley, most castles were unable to hold out. Marksburg alone was untaken, high up on its rocky promontory. Yet even it has undergone many changes in 700 years. Since 1899 it has been the headquarters of the German Stately Homes Association. For further information, enquire within. The castle has a specialist library of 15,000 books.

Castles today are very much back in a Romantic mood. Some are in ruins. Many house museums, often including spine-chilling torture chambers. Burg Maus is an observatory for birds of prey. Some serve local government as council offices. Burg Stahleck, perched way above the half-timbered cluster of Bacharach is one of the most attractive youth hostels in Germany. Yellow-robed disciples of Hare Krishna showed interest in Rheinstein, but its owner, a Prussian noblewoman, preferred to sell her decaying specimen of prime masonry to a famous opera singer from the Tyrol, which was certainly a more romantic option.

In some castles, such as Schönburg on the left and Gutenfels on the right bank of the Rhine, you can play at being lord and lady. They have been converted into hotels. Impressive Schönburg with its bright red Gothic residential wing was long owned by a rich owner before taking in paying guests. His name was T. J. Oakley Rhinelander, and no prizes are offered for guessing where his ancestors came from. T. J.'s family hailed from tiny Dörscheid on the other side of the river. So each castle has its own tale, large or small, to tell. You could write novels about them…

coup de peine à le contourner – l'histoire de la blonde aguichante est on ne peut plus connue – quant aux poètes, ils ne purent échapper à son emprise. Tous ceux qui se sont jamais sentis en veine de poésie ont chanté la Lorelei, qui gentiment, qui fougueusement ou avec moult mélancolie. Or, son rocher n'a pas, à vrai dire, l'apparence grandiose qu'il revêt dans les chants. Qu'il mesure 132 mètres de haut et tombe à pic dans l'eau, cela est indéniable. Mais la belle courbe que dessine le Rhin devant lui, n'apparaît plus, aujourd'hui, sous une couleur aussi sombre et sinistre que celle dépeinte par les romantiques. Certains voyageurs descendant le Rhin dans des bateaux confortables pour touristes ne remarqueraient peut-être même pas qu' „une femme, la plus belle de toutes / Est assise tout là-haut – merveille! / L'or de ses parures brille de mille feux / Elle peigne ses cheveux d'or." Pourtant, le moment venu, les capitaines ne manquent jamais d'appuyer sur la touche de leur magnétophone, et, des hauts-parleurs monte alors „une mélodie / D'un charme étrange et puissant." Lorsqu'une chorale de chant est à bord, ce qui arrive fréquemment, le „la" est donné au diapason, au moment voulu, et il ne déplaît pas, parfois, aux orphéonistes, de voir les passagers entonner à cœur joie: „Je ne sais pas ce que veut dire / En moi cette tristesse si grande…" Qu'il nous soit permis, par contraste aux deux premières des huit strophes de Heine, de mentionner ces vers allègres et effrontés: „La Loreley, connue pour être fée et rocher / Est cet endroit du Rhin, non loin de Bingen / Où, jadis, les bateliers, se tordant le cou et rêvant de cheveux blonds / Coulaient, ensevelis par les flots. / Nous changeons. Et les bateliers avec nous. / Le Rhin est régularisé et endigué / Le temps passe / On ne meurt plus en naviguant / Seulement parce qu'une blonde peigne continuellement sa chevelure."

Et c'est bien lui qui en est la cause, Erich Kästner et son humour. Mais les châteaux féodaux sont, en réalité, les vraies couronnes du romantisme inspiré du Rhin. Qui longe le Rhin par la route, ou va, en bateau, d'embarcadère en embarcadère peut, entre Bingen et Coblence, et à condition qu'il prenne son temps et ouvre les yeux, collectionner les châteaux forts, comme d'autres collectionnent les timbres. Nous nous contenterons d'en citer neuf à gauche et neuf à droite: A gauche: Rheinstein, Reichenstein, Sooneck, Heimburg, Fürstenberg, Stahleck, Schönburg, Rheinfels, Stolzenfels. A droite: Ehrenfels, Gutenfels, Katz, Maus, Liebenstein, Sterrenberg, Liebeneck, Marksburg, Lahneck.

Un monde de conte de fées. Des ouvrages, face auxquels on demeure ébahi ou qui, parfois, vous font sourire de dérision mais d'où l'on peut toujours plonger le regard jusque dans la vallée que s'est creusée le fleuve. Les responsables de la protection des sites et monuments historiques ont, quelquefois, accompli de remarquables exploits, mais il leur est également arrivé de dérober leurs regards à la réalité. Aucun château fort

n'a été sauvegardé dans le style où il fut érigé. A travers les siècles, et ceci depuis le Moyen Age, tous les châteaux furent, soit agrandis, soit remplacés, soit détruits en partie ou réaménagés et rapetissés – selon le goût du propriétaire respectif et les changements de fonction.

Les châteaux médiévaux avaient pour but d'assurer la protection des habitants. Des bateliers on exigeait l'octroi. Parfois, les hommes au service du châtelain ne s'en tenaient pas strictement à leurs obligations et frappaient dur, s'en prenant aux manants, aux bateliers ou se combattant les uns les autres. Villageois et bateliers faisaient face, tandis que les seigneurs étaient occupés de leurs démêlés. A elles seules, les guerres de religion du seizième siècle fournirent d'innombrables et héroiques occasions de massacrer l'ennemi, même pour des raisons d'intérêt personnel. Lorsque, vers la fin du 17e siècle, les armées du roi français Louis XIV entreprirent des guerres de conquête à travers la vallée du Rhin, la plupart des châteaux forts ne purent résister à l'assaut des maraudeurs. Seule la forteresse de Marksburg demeura intacte sur un cône rocheux. Pourtant, elle aussi, dû subir de nombreuses modifications tout au long de ses 700 ans d'histoire. Siège, depuis 1899, de l'Association allemande des Châteaux médiévaux, elle est on ne peut mieux gardée. Celui qui voudrait en savoir davantage a choisi le bon endroit: la bibliothèque spécialisée et ses 15 000 volumes attendent le visiteur.

Aujourd'hui, les châteaux forts représentent un nouvel aspect du romantisme. Certains vivent chichement. Un grand nombre d'entre eux ont ouvert leurs portes à des musées, exhibant leurs salles de tortures qui font frissonner d'épouvante. Le château fort de Maus est, aujourd'hui un poste d'observation d'oiseaux de proie. Dans d'autres encore, certaines communes ont aménagé leur administration. Le château fort de Stahleck, dominant les maisons à colombages anguleuses de Bacharach, abrite l'une des auberges de jeunesse allemandes les plus courues.

Dans certains autres, à Schönburg, par exemple, ou à Gutenfels, sur la rive droite, les visiteurs peuvent jouer le rôle de châtelain ou de châtelaine. Ils ont, en effet, été transformés en hôtels. Le château de Schönburg, avec sa partie habitable de style gothique, à la pierre rouge vif, fut longtemps propriété d'un riche Américain, avant d'accueillir des hôtes payants. Il s'appelait T. J. Oakley Rhinelander, et nul n'est besoin de réfléchir longtemps avant de deviner qu'il était Rhénan, comme il se doit. T. J. était originaire de l'autre rive, du village de Dörscheid.

Ainsi, tout château fort a-t-il sa petite et sa grande histoire. Il y a là matière à plus d'un roman.

Frohe Weingesänge in launiger Liebe zum Land erklingen nur zu gern, wenn das schöne Wort Rheingau gesagt wird. Goethe gab dem Gebiet die edle poetische Bezeichnung „hochgesegnete Gebreiten". Und das stimmt, wie der Blick auf Schloß Johannisberg beweist. Die Familie Metternich sorgt dafür, daß an seinen sanften Hängen beste deutsche Weine reifen. Halt Rheingauer, vom Feinsten.

Merry songs about wine and whimsical love of the countryside are sung only too readily in connection with the Rheingau. Goethe poetically called the region a land of the blessed, and the view of Schloss Johannisberg proves him to have been right. The Metternich family takes care to ensure that none but the best German wine grows on his gentle slopes. Rheingau, the best.

Les joyeuses chansons à boire, inspirées par un amour espiègle porté à ce pays, retentissent presqu'infailliblement lorsque le beau nom de Rheingau est prononcé. Goethe conféra à cette région le noble et poétique qualificatif de „latitudes hautement bénies". Et cela est tout à fait exact, comme le prouve la vue sur le château de Johannisberg. La famille Metternich veille à ce qu'un vin allemand de qualité supérieure murisse sur les versants en pente douce de ses vignobles. Un du Rheingau, lui aussi, et des meilleurs.

„Die Erde wär ein Jammertal, wie unser Pfarrer spricht, des Menschen Leben Müh und Qual, hätt er den Rheinwein nicht" – so dichtete Ludwig Hölty vor rund 150 Jahren. Im Spitalkeller von Kloster Eberbach, das zu Eltville gehört, gibt es die Arznei gegen Müh und Qual – die berühmten Rheingauer Weine.

The Earth would be a vale of tears, so our pastor puts it, and life so hard through all the years, with no Rhine wine to ease it – as the poet Ludwig Hölty wrote roughly 150 years ago. In the cellar of the hospital at Kloster Eberbach, Eltville, the right medicine is stored – the famous Rheingau wine.

La terre serait une vallée de larmes, comme le dit notre curé, et la vie de l'homme faite de peine et de supplices, s'il n'y avait pas le vin du Rhin –, écrivait le poète Ludwig Hölty il y a environ 150 ans. Les caves de l'Hospice d'Eberbach, rattaché à Eltville, recèlent le remède permettant de mettre fin à cette peine et à ces supplices – les célèbres vins du Rheingau.

Das Rheingaustädtchen Rüdesheim mit seiner fröhlichen, stets gutbesuchten Drosselgasse wird von einer kräftigen Germania auf dem Niederwald geradezu mannhaft bewacht. Die hohe Frau hat von hier oben einen feinen Blick auf die abwechslungsreiche Rheinlandschaft.

The Rheingau town of Rüdesheim with its cheerful, constantly well patronised Drosselgasse, is overlooked by the sturdy figure of Germania on the Niederwalddenkmal. She has a superb view of the varied and lively Rhenish landscape from her monument.

Rüdesheim, petite ville du Rheingau et sa „Drosselgasse", retentissant de gaieté et toujours très fréquentée, est énergiquement gardée à vue par une robuste „Germania", trônant sur le Niederwald. Cette imposante dame jouit d'une superbe vue sur le paysage rhénan aux multiples visages.

Ihren Namen Gutenfels erhielt
die stattliche Burg gleich hinter
Kaub, weil sie Anno 1504 vom
Landgrafen von Hessen vergeb-
lich belagert wurde. Der gute
Fels hielt dem Hessen stand.
Heute kann man im Schloßho-
tel davon träumen.

This imposing castle just outside Kaub was called Gutenfels
(literally: "good rock") because
it withstood a siege by the
Landgraf of Hesse in 1504. It is
now a hotel where visitors can
only dream of bygone days.

L'imposant château médiéval de
Gutenfels, tout de suite après
Kaub, tient son nom de ce que
le landgrave de Hesse l'assiégea,
en vain, en l'an 1504, le „bon
rocher" („Gutenfels") tint tête
aux assiégeant hessois. On peut
en rêver aujourd'hui, à l'Hôtel
du Château.

„Lure" heißt tückisch, „lei"
heißt Felsen – mittelhoch-
deutsch. Die Loreley also ist
demnach ein tückischer Felsen.
Und das war sie. Heute freilich
trifft das nicht mehr so ganz zu.
Die Strecke wurde längst
geglättet. Weltbekannt wurde
der steil aufsteigende Schiefer-
berg durch die im frühen
19. Jahrhundert aufkommende
Sage vom bezaubernden Jung-
fräulein, das mit List und
Lockenpracht die Schiffer ver-
wirrte. Heinrich Heine wußte
sogar, daß sie sich ihr goldenes
Haar andauernd mit goldenem
Kamm kämmt.

"Lure" means treacherous in
Middle High German, "ley" a
rock. And the Loreley used to
be both, but nowadays the danger to passing boatmen is negli-
gible. This section of the river
has long been pacified. The
steep slate hillside was made
world-famous in the early 19th
century by the legend of the
fair maiden of the rock who
lured boatmen to their death.
Heinrich Heine even knew that
she combed her tresses of
golden hair with a golden
comb.

En moyen haut allemand, „lure"
signifie „trompeur" et „lei",
„rocher". La Lorelei est donc un
rocher „trompeur". Et elle le
fut. Cela n'est plus tout à fait
vrai, aujourd'hui. En effet, le
cours du fleuve a été rectifié à
cet endroit, depuis longtemps
déjà. Cette montagne de schiste,
au versant abrupt, doit sa célébrité mondiale à la légende qui
apparut au début du 19e siècle,
et dans laquelle une ravissante
demoiselle troublait les bateliers
du Rhin moyennant une ruse,
celle de son aguichante chevelure. Heinrich Heine savait
même qu'elle ne cessait de pei-
gner „ses cheveux d'or d'un
peigne d'or".

Wer von St. Goarshausen nicht auf den Loreleyfelsen wandern will, kann von dem lieblichen Städtchen aus ja auch auf die Burg Katz klettern. Die heißt eigentlich Neu-Katzenelnbogen, weil sie um 1370 von einem Grafen Johann von Katzenelnbogen gegründet worden ist. Heute ist sie im Besitz eines reichen Japaners, und der liebt die Rheinromantik wie einst Graf Johann.

If you don't feel like walking up to the Loreley's summit from St Goarshausen you can walk up from the charming riverside town to Burg Katz. The castle's real name is Neu-Katzenelnbogen. It was named after Graf Johann von Katzenelnbogen, who built it in about 1370. Its present owner is a wealthy Japanese who is as fond of the Rhine romanticism as Graf Johann was centuries ago.

Qui, venant de Saint-Goarshausen, préfère ne pas escalader le rocher de la Lorelei, peut partir de cette ravissante petite ville et grimper au château fort de Katz. Son nom est, en réalité, „Katzenelnbogen", parce qu'il fut érigé, aux environs de 1370, par le comte Johann von Katzenelnbogen. Il est aujourd'hui propriété d'un riche Japonais qui, tout comme jadis le comte Johann, aime le romantisme des bords du Rhin.

Stolz wahrhaftig auf dem Felsen liegt Schloß Stolzenfels. Es nimmt, kurz vor Koblenz, die Stelle einer im 13. Jahrhundert vor der Lahnmündung erbauten Burg ein. Die hatten die Franzosen 1689 zerstört. Der berühmte preußische Baumeister Karl Friedrich Schinkel hat die neugotische Anlage entworfen und dabei wohl ein bißchen auch an seine Berliner und Potsdamer Schloßbauten gedacht. Die Kulisse von Wald und Berg ist herrlich.

Schloss Stolzenfels, as the name implies, is perched proudly ("stolz") on its rock ("Fels") just outside Koblenz. It stands on the site of a 13th century castle built by the confluence of the Lahn and the Rhine. The old castle was destroyed by the French in 1689. The famous Prussian architect Karl Friedrich Schinkel designed the present neo-Gothic castle, which calls his Berlin and Potsdam palaces to mind. The wooded mountain backdrop is superb.

Le château de Stolzenfels se dresse, fier, comme son nom le dit bien, sur son rocher. Situé à peu de distance de Coblence, il occupe l'emplacement d'un ancien château féodal, érigé au 13e siècle, au confluent de la Lahn. Les Français l'avaient rasé, en 1869. C'est le célèbre architecte prussien, Karl Friedrich Schinkel, qui conçut cet ouvrage de style néo-gothique et il est probable qu'il se soit inspiré des châteaux qu'il bâtit à Berlin et à Potsdam. Les décors que constituent la forêt et la montagne environnantes sont de toute beauté.

Zwei Flüsse treffen sich. Bonjour, Großer, sagt die Mosel; sie kann von ihren Vogesen und von Lothringen her gut Französisch. Grüezi, meine Kleine, sagt der Rhein schon ein bißchen väterlich; er kann sich an das Schwyzerdytsch seiner Anfänge gut erinnern. Er ist der Stärkere. Die Mosel ergibt sich und nimmt seinen Namen an. Die (Mosel) und der (Rhein): Geographie kennt noch keine Selbstbestimmung der Frau.

Zwei große Flüsse treffen sich. Das ist stets ein Ereignis, das ist ein Denkmal wert. Mosel und Rhein gehen vom Deutschen Eck an auf gemeinsame Reise. Das Denkmal allein ist ein Ereignis. Schaut man oben vom breiten Steinsockel herab flußabwärts, überkommt einen ein Schiffsgefühl; man meint, auf der Brücke eines Ozeanriesen zu stehen und über den Bug zu blicken. Bis 1945 blickte Kaiser Wilhelm I. überlebensgroß von oben herab, 14 Meter hoch, zu Pferde, mit einem nicht eben kleinen Engel, der ihm die Krone vorantrug. Die Rheinprovinzen hatten dem Kaiser das Monument als Dank für die Einigung des Reiches gewidmet.

Solche vaterländischen Gefühle mochten die Franzosen nach dem letzten Krieg den besiegten Deutschen nicht zugestehen. Sie stießen den Herrscher vom Sockel. Nahezu fünf Jahrzehnte war das vereinsamte Deutsche Eck mit Schwarz-Rot-Gold allein ein Mahnmal zur deutschen Einheit. Inzwischen aber steht der Kaiser wieder monumental auf seinem alten Platz – ein Verleger aus Koblenz hat ihn seiner Stadt geschenkt.

Tausende kommen täglich. Nur wenige aber blicken ein Stückchen stromaufwärts, dorthin, wo kurz vor Koblenz auf einer Bergkuppe über dem Rhein das Hotel Rittersturz steht. Hier haben sich im Juli 1948 die Ministerpräsidenten der drei westlichen Besatzungszonen getroffen und erste Gedanken über eine neue staatliche Grundlage ausgetauscht. Hier einigten sie sich darauf, eine künftige Bundesrepublik als föderativen Zusammenschluß aufzubauen. Hier wurde Geschichte gemacht. Wieder einmal am Rhein.

Castrum apud Confluentes – so nannten die Römer unter Kaiser Tiberius ihr Kastell (Confluentes = die Zusammenfließenden; daraus ist in sprachlicher Abschleifung Koblenz geworden). Von einem Kastell hat Koblenz noch heute etwas – als größte Garnisonsstadt aller Bundesländer.

Dem Besucher wird übrigens bald deutlich, daß den alten Koblenzern die Mosel wohl lieber war als der Rhein. Die Altstadt mit der Alten Burg und der uralten Balduinbrücke drängt sich an die Mosel, die Liebfrauenkirche, Hauptkirche der Stadt, steht auf dem höchsten Punkt in Moselnähe, und selbst das Rathaus ist der Mosel näher als dem Rhein. Zufall? Viele Jahrhunderte gehörte Koblenz zur Herrschaft der Erzbischöfe und später der Kurfürsten von Trier – an der Mosel.

Die Feste Ehrenbreitstein am rechten Rheinufer, die Burg des edlen Ritters Ehrembert, gehört natürlich zu jedem Koblenz-Programm. Doch darf man sich auch das Städtchen Vallendar mit seinen prächtigen Adelshöfen, gleich rheinabwärts hinter der bewohnten Rheininsel Niederwerth, nicht entgehen lassen. Dem hier beginnenden Rheinstück hat eine Stadt ihren Namen gegeben: Neuwied. Der Strom wird recht träge. Er ruht sich im Neuwieder Becken aus.

Eine friedliche Gegend. Nach wüsten Kämpfen im Dreißigjährigen Krieg schuf Graf Friedrich III. von Wied aus dem zerstörten Ort Langendorf ein kleines Paradies. Das Geheimnis seines Erfolges war, daß er sich und seinen Besitz den Fremden öffnete. Es kamen vertriebene Lutheraner, fromme Böhmische Brüder und die Herrnhuter aus der Zittauer Gegend. Der von Wied war ein milder Herr. Jeder Bürger durfte in seinem Schloßpark spazieren, Toleranz war sein oberstes Gesetz. Graf Zinzendorf aus der Oberlausitz bekam hier die ersehnte Gelegenheit, eine Gemeinde der brüderlichen Liebe zu verwirklichen.

Ein sozial engagierter rheinischer Christ namens Friedrich Wilhelm Raiffeisen konnte von Neuwied aus die Genossenschaften seines Namens aufbauen und so der bäuerlichen Bevölkerung Mitteleuropas zu sozialem Aufstieg verhelfen. Und nicht auszuschließen ist, daß der große Cäsar im Neuwieder Becken seine ersten Brücken über den Rhein geschlagen hat. Eine Brücke knapp 30 Kilometer stromabwärts ist zu einem Symbol der jüngsten Weltgeschichte geworden. Über die Brücke von Remagen, 1916 bis 1918 gebaut, konnten am 7. März 1945 amerikanische Truppen ihren ersten rechtsrheinischen Brückenkopf bilden. Damit war ihr weiterer Vorstoß nach Mittel- und Norddeutschland gesichert; wäre ihnen das nicht gelungen, hätte die Rote Armee rasch den Rhein erreicht.

Two rivers meet. Bonjour, Big Guy, says the Moselle. It comes from the Vosges and Lorraine and speaks good French. Grüezi, kid, says the Rhine, a little paternally and well recalling the Swiss German of his youth. He is the stronger of the two. The Moselle surrenders and takes his name. The genders are clearly assigned in German. Women's lib doesn't yet seem to have made its mark on geography – or on river names and genders.

When the waters of two large rivers meet it is always an event, one that is worth a monument. The Deutsches Eck marks the meeting point of the Moselle and the Rhine, the point from which they share their journey. The monument itself is an event. Look downstream from its broad pedestal and you will be overwhelmed by a feeling of being on board ship, on the bridge of an ocean liner looking out over the bow. Until 1945 Kaiser Wilhelm I in larger-than-life effigy, 14 metres tall and on horseback, looked down from above, with a fair-sized angel handing him the crown. The Rhenish provinces dedicated the monument to the Kaiser for having united the Reich.

After the last war the French were in no mood to permit the defeated Germans such patriotic sentiments. They unseated the Kaiser from his pedestal. For nearly five decades the lonely Deutsches Eck stood as a black, red and gold memorial to German unity. But the Kaiser is now back in position, a Koblenz publisher having donated an equestrian statue of Wilhelm I to his home town.

Thousands of visitors pass by daily, but very few look upstream to where the Hotel Rittersturz stands on a hillock overlooking the Rhine just before Koblenz. Yet it was here, in July 1948, that the Premiers of the three Western zones of occupation met to exchange initial views on a new basis for German statehood. They agreed to base the future Federal Republic on federative principles. History was made once more, here on the Rhine.

Castrum apud confluentes, or the castle amid waters meeting, was what the Romans under Tiberius called the camp that was later to be bowdlerised into Koblenz. It still retains some features of a castle as home to the largest garrison of any city in Germany. Visitors will soon notice that Koblenz people of old must have been keener on the Moselle than on the

Rhine. The Altstadt with the Alte Burg and the age-old Balduinbrücke is huddled by the Moselle. The Liebfrauenkirche, the town's main church, is on the highest point near the Moselle. Even the Rathaus is closer to the Moselle than to the Rhine. Coincidence? For centuries Koblenz belonged to the archbishops and, later, the electoral princes of Trier, which is also on the Moselle.

Ehrenbreitstein Fortress on the right bank of the Rhine, a castle built by the noble knight Ehrembert, is naturally a part of any visit to Koblenz. But it would be a pity to miss Vallendar, a small town with some magnificent aristocratic architecture, downstream just behind Niederwerth, an inhabited island in the Rhine. The section of the river that begins at this point owes its name to a town, Neuwied. The water grows sluggish, resting in the Neuwied Basin.

It is a peaceful area. After heavy fighting in the Thirty Years' War Count Friedrich III of Wied transformed Langendorf, which had been totally destroyed, into a smaller version of paradise. The secret of his success was that he opened his mind and his possessions to newcomers. Come they did, displaced Lutherans, pious Bohemian brethren and Herrnhuter from the Zittau region. Every citizen was entitled to take a stroll in the Schlosspark, tolerance was the order of the day. Count Zinzendorf from the Upper Lausitz here gained a longed-for opportunity to set up a community of brotherly love.

A socially committed Rhenish Christian, Friedrich Wilhelm Raiffeisen, who was also based in Neuwied, set up the system of agricultural cooperatives that still bears his name, helping farmers in Central Europe to attain greater social standing. There can be no ruling out the possibility that Caesar himself built his first bridges across the Rhine in the Neuwied Basin.

Another bridge, less than 30 km downstream, assumed historic importance in the closing days of World War II. On 7 March 1945 American troops made their first crossing of the Rhine over the bridge at Remagen to set up a bridgehead on the right bank. The crossing assured them of further headway into Central and Northern Germany. Had they failed to cross the bridge, which was built between 1916 and 1918, the Red Army would soon have reached the Rhine.

Seconds decided the outcome. German sappers had made preparations to blow up the bridge. A young US lieutenant in the advance party, a man who had been born in Frankfurt am Main and left Germany with his parents before 1933, had seen from the high-lying Apollinariskirche on the left bank that the bridge down below, as he peered at it through his binoculars,

Deux fleuves se rencontrent: „Bonjour, mon grand", dit la Moselle; étant née dans les Vosges et venant de Lorraine, elle parle bien le français. „Grüezi, ma petite", dit le Rhin, d'un ton déjà légèrement paternel; il se souvient fort bien de l'allemand que l'on parle en Suisse, à sa source. C'est lui le plus fort. La Moselle s'avoue vaincue et adopte son nom. La (Moselle) et le (Rhin): le droit à l'autodétermination de la femme est encore étranger à la géographie.

Deux grands fleuves se rencontrent. C'est toujours là une grande affaire et elle vaut bien un monument. A partir du „Deutsches Eck", du „Coin allemand", la Moselle et le Rhin cheminent de concert. Le monument est chose à voir. Si, du haut du large socle de pierre, on laisse errer ses regards en aval du fleuve, l'on est assailli d'une sensation comparable à celle que l'on éprouve sur un bateau. On se croirait sur le pont d'un paquebot géant regardant les alentours par-delà la proue du navire. Jusqu'à 1945, c'est l'empereur Guillaume Ier qui, à cheval et plus grand que nature, avec ses 14 mètres de hauteur, promenait un regard condescendant sur la vallée, précédé qu'il était d'un ange de dimensions également appréciables, portant sa couronne. Les provinces rhénanes avaient dédié ce monument à l'empereur, lui témoignant ainsi leur reconnaissance pour avoir unifié l'empire.

Après la seconde guerre mondiale, les Français refusèrent de reconnaître aux Allemands vaincus le droit à de tels sentiments patriotiques. Ils déboulonnèrent le souverain allemand. Durant presque cinq décennies, le „Deutsches Eck", esseulé, sur lequel flottait le drapeau noir-rouge-or rappela l'unité allemande. Mais l'empereur a, entretemps, réintégré dans sa monumentale splendeur la place qu'il occupait auparavant. Un éditeur de Coblence en a fait don à la ville.

Des milliers de gens affluent chaque jour. Seuls quelques-uns dirigent leurs regards en amont du fleuve, là où, à peu de distance de Coblence, se dresse l'hôtel Rittersturz, sur un sommet arrondi dominant le Rhin. C'est en juillet 1948 que les ministres-présidents des trois zones d'occupation occidentales s'y rencontrèrent et échangèrent leurs premières idées, dans le but de jeter les bases d'un nouvel Etat. Une page de l'Histoire fut écrite ici. Une fois de plus sur le bord du Rhin.

Castrum apud Confluentes – ainsi les Romains appelaient-ils leur château, sous le règne de l'empereur Tibère (Confluentes = celles qui confluent, ce qui, par un effet de polissage linguistique donna le nom de Coblence). Coblence a conservé ses airs de citadelle – elle est la plus grande ville de garnison de tous les Länder allemands.

Le visiteur prend très vite conscience de ce que les Coblençois de souche ont toujours préféré la Moselle au Rhin. La Vieille Ville avec son vieux château et le très ancien Pont Baudoin, se blottit le long de la Moselle, la basilique Notre-Dame se dresse sur le point le plus élevé, à proximité de la Moselle, et même

l'Hôtel de ville est plus proche de la Moselle que du Rhin. Hasard? Pendant de nombreux siècles, Coblence fut soumise à la domination des archevêques et, plus tard, des princes électeurs de Trèves – sur la Moselle. La forteresse d'Ehrenbreitstein, sur la rive droite du Rhin, château fort ayant appartenu au noble chevalier d'Ehrembert, fait, bien entendu, partie de tout programme de visite de Coblence. Il ne faut cependant pas manquer de voir la petite ville de Vallendar, dotée de splendides bâtiments de ferme, propriétés autrefois nobiliaires. Située en aval du Rhin, immédiatement après l'île de Niederwerth, une ville conféra son nom à la partie du Rhin qui commence en cet endroit: Neuwied. Le fleuve s'alanguit et se prélasse dans le bassin de Neuwied.

C'est une contrée d'aspect serein. Après les épouvantables combats, qui eurent lieu au cours de la guerre de Trente Ans, le comte Frederic de Wied fit de la localité détruite de Langendorf un véritable petit paradis. Le secret de sa réussite est qu'il ouvrit son domaine et sa propre personne à des étrangers. Vinrent des Luthériens, chassés de leur pays, des frères pieux de Bohèmes et d'autres d'Herrnhut, dans la région de Zittau. Le comte de Wied était un homme au cœur généreux. Il permit à tous les citoyens de se promener dans le parc de son château, la tolérance étant sa loi suprême. Le comte de Zinzendorf, originaire de l'Oberlausitz eut ainsi la possibilité tant attendue de fonder une confrérie.

C'est grâce à l'engagement humanitaire d'un chrétien rhénan Friedrich Wilhelm Raiffeisen, que les coopératives du même nom furent créées, permettant aux populations rurales de l'Europe centrale de monter dans l'échelle sociale. Il n'est pas impossible non plus que ce soit dans le bassin de Neuwied que le grand César jetât ses premiers ponts sur le Rhin.

Un pont, situé à quelque 30 kilomètres en aval du fleuve, est devenu un symbole de l'Histoire mondiale contemporaine. C'est sur le pont de Remagen, construit de 1916 à 1918, que les troupes américaines purent, le 7 mars 1945, établir leur premier point d'appui sur la rive droite du Rhin. Leur avance en direction de l'Allemagne centrale et de l'Allemagne du Nord était ainsi assurée; s'ils n'avaient pu y parvenir, l'Armée rouge aurait rapidement atteint le Rhin.

Sekunden entschieden. Deutsche Pioniere hatten alles zur Sprengung vorbereitet. Ein junger amerikanischer Leutnant der Vorhut, der noch in Frankfurt am Main geboren und mit seinen Eltern rechtzeitig vor 1933 ausgewandert war, hatte von der hochliegenden Apollinariskirche links am Rhein die Brücke unten im Fernglas gesehen. Unzerstört. Seine Meldung alarmierte die Stäbe. Die neunte amerikanische Panzerdivision war so überraschend schnell vorn, daß die Pioniere nicht mehr alle Packungen zünden konnten. Die Brücke hob sich zwar, blieb aber auf den breiten, schweren Pfeilern liegen. Sie war passierbar. Ein Fleischergeselle aus Ohio und der amerikanische Leutnant deutscher Herkunft waren die ersten Soldaten seit der Französischen Revolution, die gewaltsam über den Rhein kamen.

Doch Merkwürdiges geschah. Zehn Tage später, am 17. März, brach die Brücke überraschend in sich zusammen. Heute gibt es keine Brücke von Remagen mehr. Nur links und rechts am Ufer stehen schwarz und schwer wie Denkmäler zwei Brückentürme.

Remagen bietet indes auch Heiteres. Rolandseck zum Beispiel mit seinem kuriosen Künstlerbahnhof und den Rolandsbogen mit seinem Efeugerank. Das ist nur ein stilecht erneuerter Rest einer längst zerstörten Burg. Der Blick aufs Siebengebirge ist das Schönste daran. Und die Sage ist herbsüß und halbbitter, eine mittelalterliche Liebesgeschichte – die nämlich, daß Roland, ein treuer Knappe Kaiser Karls des Großen, hier aus Gram sein Leben ausgehaucht habe, weil sein innigst geliebtes Edelfräulein, Hildegund war ihr Name, ins Kloster Nonnenwerth gegangen war. Die Dame wähnte ihren Roland tot in Spanien, während er spät zwar, aber sehr lebendig aus dem Krieg seines Kaisers zurückkehrte. Zu spät.

Das Siebengebirge auf der anderen Seite ist mit seinen sieben Waldbergen und dem Drachenfels wieder ein richtig romantisches Stück Deutschland, und dies besonders im Herbst, wenn die Blätter bunt werden. „Rheinische Alpen" sagen sie in Unkel, Bad Honnef und Königswinter dazu. Das ist Liebe. Hier also soll in einer Höhle der Drache geschnaubt haben, mit dem Jung-Siegfried so fix fertig wurde. Zu besichtigen ist das und vieles dazu in der Nibelungenhalle von Schloß Drachenburg. Die wurde 1913 als Gedenkstätte für Richard Wagner eingeweiht. Zinnen, Türme, Säulen, Giebel, goldene Hirsche am Portal: Es ist zu und zu schön. Auf großen Jugendstilbildern hat drinnen der Berliner Malprofessor Hermann Hendrich geschildert, wie Siegfried von Zwerg Mime zur Höhle geführt wird und dem fauchenden Höllentier mit seinem Schwert entgegentritt. Das ist alles nicht viel anders als in Disneyland, aber doch schöner und geistreicher.

Endlich Bonn. Auch nach der Hauptstadt-Entscheidung für Berlin wird die Stadt an beiden Ufern des Rheins, dessen sind sich die Bonner sicher, gewiß nicht Rang und Ruf verlieren. Längst schon zeichnet sich ab, daß sie wieder das werden wird, was sie lange war – Ort und Hort der Wissenschaften. Adenauer und Karl Marx, Beethoven und Heinrich Heine, Nietzsche und der französische Europäer Robert Schuman, sie alle und viele andere Große der wissenschaftlichen Welt, der Kunst und der Politik haben in Bonn studiert – und sind am Rhein entlang in die Weinstuben spaziert. In der Beethoven-Biographie des französischen Dichters Romain Rolland (1866–1944) fanden wir eine eindrucksvolle Beschreibung der Liebe des Komponisten zum heimatlichen Strom. Sie erklärt Beethoven, sie verklärt zugleich den Rhein: „In der Tat ist dieser Strom so lebendig, so beinahe menschlich, daß er der Seele eines Titanen gleicht, in der Gedanken und unübersehbare Kräfte auf- und abwogen. Und nirgends ist er schöner, nirgends mächtiger und zugleich nirgends sanfter als bei Bonn, der Köstlichen, deren beschattete, blütenbedeckte Hänge er mit heftiger Zärtlichkeit liebkost. Am Horizont zeichnet sich das Profil des blauen Siebengebirges ab, gekrönt von den kahlen bizarren Silhouetten der zerfallenen Burgen. Diesem Land bleibt Beethoven für alle Ewigkeit treu." Nicht nur Beethoven.

was unscathed. He notified his staff officers and the Ninth US Tank Division rose to the occasion, moving ahead so fast that the German sappers no longer had time to ignite all the fuses. The bridge shook but stayed in place on its sturdy pillars. It could still be used. A butcher from Ohio and the German-born US lieutenant were the first soldiers since the French Revolution to cross the Rhine by force.

Yet something strange went on to happen. Ten days later, on 17 March, the bridge unexpectedly collapsed. There is no longer a bridge across the Rhine at Remagen, just two heavy black pillars, like monuments, on either side of the river.

Remagen has more cheerful sights to offer, such as Rolandseck with its strange artists' railway station and Rolandsbogen with its clinging ivy. The latter is all that is left of a ruined castle, restored in period style. Its finest feature is its view of the Siebengebirge hills. The tale that is told is a bitter-sweet mediaeval love story. Roland, a faithful squire of Charlemagne's, is here said to have died of grief because his dearly beloved Hildegund had betaken herself to Nonnenwerth, a convent. She thought he had died in battle in Spain, whereas he had returned late but very much alive from serving his emperor in battle. He was, alas, too late. The Siebengebirge on the other side of the Rhine, with its seven wooded hills and the Drachenfels, is another truly romantic part of Germany, especially in autumn when the leaves are coloured. In Unkel, Bad Honnef and Königswinter the area is lovingly known as the Rhenish Alps. Here, in a cave, the dragon that Young Siegfried dealt with so smartly is said to have lived and snorted. You can see it all, and much more, for yourself in the Nibelungenhalle at Schloss Drachenburg, which was inaugurated as a memorial to the composer Richard Wagner in 1913. Battlements, towers, pillars, gables, golden stags by the portal – the works. On large Jugendstil canvases the Berlin professor of art, Hermann Hendrich, painted Siegfried being led by

Mime the dwarf to the cave and braving the fire-snorting dragon with his sword. It may have much in common with Disneyland but it is somehow finer and more imaginative.

And that, at long last, brings us to Bonn. Even now agreement has been reached that Berlin is to be the German capital again, the city on either side of the Rhine can be sure not to lose either status or reputation, the locals confidently feel. It has long been clear that the city is once more going to be what it long was, a centre of academic and scientific excellence. Students at Bonn University have included Konrad Adenauer and Karl Marx, Beethoven and Heine, Nietzsche and the French champion of European union Robert Schuman – and many other names in arts, science and politics. They have all strolled along the Rhine and patronised the university town's wine bars.

The biography of Beethoven by the French writer Romain Rolland, 1866–1944, contains an impressive description of the composer's love of the river. It explains Beethoven and transfigures the Rhine. "Indeed the river is so alive, so almost human, that it is like the soul of a Titan where a confusion of forces were locked in battle. And nowhere is it more beautiful, nowhere more powerful and yet nowhere more gentle than near delightful Bonn, whose shady, flower-clad slopes it caresses with tender passion. On the horizon you can see the blue outlines of the Siebengebirge, crowned by the stark, bizarre silhouettes of ruined castles. Beethoven remained loyal to this countryside for all eternity." And not just Beethoven.

Quelques secondes en décidèrent. Des sapeurs allemands avaient effectué tous les préparatifs pour le faire sauter. Un jeune lieutenant américain, faisant partie de l'avant-garde – il était né à Francfort sur le Main et avait émigré, à temps, avant 1933, en compagnie de ses parents– avait repéré le pont dans ses jumelles, alors qu'il se trouvait à son poste d'observation, l'église Apollinaris, située sur les hauteurs, en bordure gauche du Rhin. Le pont était encore intact. Le rapport du jeune lieutenant alarma l'état-major. La neuvième division de blindés fut si rapide dans son avance que les sapeurs n'eurent pas le temps de faire détonner tous les paquets d'explosifs. Le pont fut certes rehaussé, mais demeura ancré sur les lourdes et larges piles. Il était franchissable. Un aide-boucher de l'Ohio, ainsi que le lieutenant américain d'origine allemande furent les premiers soldats à avoir franchi le Rhin par la force, depuis la révolution française.

Mais des choses singulières se produisirent. Dix jours plus tard, le 17 mars, le pont s'effondra soudainement. Aujourd'hui le pont de Remagen n'existe plus. Seule, deux tours noires et pesantes se dressent à droite et à gauche, sur les rives, tels des monuments.

Toutefois, Remagen a également un visage souriant. „Rolandseck", par exemple, avec sa curieuse gare des artistes et l'arceau de Roland, envahi par le lierre. Ce ne sont que les vestiges restaurés dans le style de l'époque d'un château fort depuis longtemps détruit. La vue qui s'ouvre sur le Siebengebirge, les Sept Montagnes, est ce que le château offre de plus beau. Et la légende est âpre et douce à la fois, douce-amère comme une histoire d'amour du Moyen Age. Elle veut que Roland, fidèle écuyer de l'empereur Charlemagne mourut de chagrin en cet endroit même, la demoiselle qu'il aimait d'un amour fervent, Hildegund – car tel était son nom – s'étant retirée du monde pour entrer au couvent de Nonnenwerth. La damoiselle avait cru son ami mort en Espagne, alors qu'il devait revenir, tard il est vrai, mais bien vivant, d'une guerre menée par son empereur. Trop tard.

Avec ses sept montagnes boisées et le Drachenfels, le Siebengebirge représente, lui aussi, un des vrais visages romantiques de l'Allemagne, tout particulièrement à l'automne, lorsque les feuilles se chamarrent. Ce sont les „Alpes rhénanes", comme les nomment les habitants d'Unkel, de Bad Honnef et de Königswinter. Voilà ce qu'on appelle aimer. On dit que c'est là que le dragon, dont le jeune Siegfried vint si prestement à bout, aurait écumé de rage. Tout cela peut être visité, mais encore bien d'autres choses, dans la Salle des Nibelungen du château de Drachenburg. Elle fut dédiée à Richard Wagner et inaugurée en 1913. Créneaux, tours, colonnes, pignons, cerfs dorés sur le portail: c'est tout simplement trop beau... Le professeur de peinture berlinois, Hermann Hendrich, a retracé en de grands tableaux peints dans le style de l'Art Nou-

veau, la façon dont Siegfried fut conduit par le nain Mime dans le repaire de la bête et comment, brandissant son épée, il fit face au monstre infernal crachant le feu. Tout cela n'est finalement pas si différent du monde de Disneyland, mais tout de même un peu plus beau et fait preuve de plus d'esprit.

Enfin Bonn. Même si la décision a été prise de faire de Berlin la capitale de la République fédérale, cette ville des bords du Rhin ne perdra en rien de son rang et de sa réputation, c'est ce dont sont convaincus les habitants de Bonn. Depuis longtemps déjà, on peut constater qu'elle est en passe de redevenir ce qu'elle fut pendant longtemps: le lieu de prédilection et la terre d'asile des sciences. Adenauer et Karl Marx, Beethoven et Heinrich Heine, Nietzsche et l'Européen de nationalité française Robert Schuman, tous ces grands hommes du monde scientifique, artistique et politique ainsi que bien d'autres encore, ont fait leurs études à Bonn et se sont promenés le long du Rhin pour se retrouver finalement dans l'une des „Weinstuben".

Dans la biographie de Beethoven, écrite par le poète français Romain Rolland (1866–1944), nous avons trouvé une description impressionnante de l'amour que portait le compositeur au fleuve de sa ville natale: „Il est vrai que ce fleuve est si vivant, en effet presque humain, pareil à une âme gigantesque où passent des pensées et des forces innombrables – nulle part plus beau, plus puissant et plus doux qu'en la délicieuse Bonn, dont il baigne les pentes ombragées et fleuries avec une violence caressante. A l'horizon, les Sept Montagnes bleuâtres dessinent sur le ciel leurs profils orageux que surmontent les maigres et bizarres silhouettes des vieux châteaux ruinés. A ce pays, son cœur resta éternellement fidèle."

Pas seulement Beethoven.

Zwei Flüsse treffen sich. Rhein und Mosel fließen bei Koblenz zusammen. Der Rhein ist stärker. Am Deutschen Eck ergibt sich die Mosel und ergießt sich in den größeren Fluß – im Hintergrund die Burg des edlen Ritters Ehrembert, Festung Ehrenbreitstein. Inzwischen wurde Kaiser Wilhelm I. überlebensgroß und stolz wieder an seinen traditionellen Platz gestellt. Nahezu fünf Jahrzehnte hatte das wuchtige Denkmal ohne seinen kaiserlichen Reiter mit den Bundesfarben Schwarz-Rot-Gold auf wehender Flagge die deutsche Einheit angemahnt.

Two rivers meet. The Rhine and the Moselle join forces at Koblenz. The Rhine is the stronger of the two. At the Deutsches Eck the Moselle yields and flows into the larger river, with the fortress of the noble knight Ehrembert, Ehrenbreitstein, in the background. A larger than life equestrian statue of Kaiser Wilhem I has now proudly taken up its position of old. For nearly 50 years the weighty monument, bereft of its imperial horseman, served with a lone black, red and gold flag as a memorial to, and reminder of, German unity.

Deux fleuves se rencontrent. C'est à Coblence que le Rhin et la Moselle confluent. Le Rhin est le plus fort. Au Coin Allemand, la Moselle s'avoue vaincue et se déverse dans le fleuve, plus grand qu'elle. A l'arrière-plan, le château féodal du noble chevalier d'Ehrembert, la forteresse d'Ehrenbreitstein. Entre-temps, l'empereur Guillaume Ier a été remis en place et, plus grand que nature, chevauche de nouveau fièrement sa monture. Privé de son impérial cavalier, ce monument d'aspect lourdaud, sur lequel flottait le drapeau noir-rouge-or de l'Allemagne, avait rappelé l'unité allemande pendant presque cinq décennies.

Von der Burgruine Drachenfels
auf den Bergen des Siebengebirges geht der Blick über das
freundliche, windgeschützte Bad
Honnef auf den silbrigen Rhein.
Die Pflanzenwelt entwickelt
sich hier zuweilen bis zu zwei
Wochen früher als im übrigen
Rheintal.

From the ruins of Drachenfels
castle atop the Siebengebirge
hills you have a fine view of
friendly, sheltered Bad Honnef
and the silvery Rhine. Vegetation here is at times a fortnight
earlier than in the remainder of
the central Rhine valley.

Des ruines du château médiéval
de Drachenfels, couronnant
l'une des Sept Montagnes, le
regard embrasse la ville de Bad
Honnef, riante et bien protégée
du vent, ainsi que le Rhin qui
scintille de reflets argentés. Ici,
le monde végétal se réveille de
son sommeil hivernal presque
deux semaines plus tôt que dans
les autres régions de la vallée
moyenne du Rhin.

Beethoven, große Bundeskanzler
und Professor Behnisch haben
Bonn berühmt gemacht. Beethoven kam hier zur Welt, die Bundeskanzler schufen von hier aus
das Nachkriegs-Westdeutschland,
Professor Behnisch entwarf das
Bundeshaus und das Hochhaus
der Abgeordneten am Rhein,
„Langer Eugen" genannt. Auch
wenn mehrere Ministerien bald
nach Berlin ziehen, wird das so
beschaulich vor dem Siebengebirge ausgebreitete Bonn seinen Ruf als Stadt hoher Kultur
und Politik behalten.

Beethoven, celebrated Federal
Chancellors and Professor Behnisch made Bonn famous. Beethoven was born here, Federal
Chancellors established post-war
West Germany from here and
Professor Behnisch designed the
Bundeshaus and the Langer
Eugen, as the tower block by
the river that is used by mem-
bers of the Bundestag is known.
Several Ministeries may soon be
relocating in Berlin but Bonn,
in its pleasant Siebengebirge
setting, will retain its reputation
as a centre of politics and the
arts.

Beethoven, de grands chanceliers
et le professeur Behnisch ont
rendu Bonn célèbre. Beethoven
y vint au monde, les chanceliers
façonnèrent, d'ici, l'Allemagne
d'après-guerre, le professeur
Behnisch dressa les plans du Parlement et de l'immeuble de
bureaux destinés aux députés,
immeuble baptisé „Long
Eugène" („Langer Eugen").
Même si plusieurs ministères
vont bientôt élire domicile à
Berlin, la ville de Bonn, qui
s'étire si béatement au pied des
Sept Montagnes, gardera sa
réputation de centre de la cul-
ture et de la politique.

Die Schicksals-Sinfonie, die berühmte Fünfte in c-moll mit dem pochenden Rhythmus im ersten Satz, scheint sich im Bonner Beethovendenkmal manifestiert zu haben. Bonn ist stolz auf den großen Komponisten, der hier am 16. Dezember 1770 als Sohn eines Hofmusikers geboren wurde.

Beethoven's Fifth Symphony in C minor, with the compelling rhythm of its first movement, seems to have been transformed into stone in the Bonn Beethoven monument. The city is proud of the composer, who was born here on 16 December 1770, the son of a court musician.

La très célèbre cinquième symphonie en ut mineur de Beethoven, dite „du destin" semble avoir insufflé le rythme battant de son premier mouvement au monument érigé à la mémoire de Beethoven. Bonn est fier du grand compositeur qui naquit ici, le 16 décembre 1770 d'un père musicien à la Cour.

„Weck, Worscht un Wein" sind noch von Mainz her an Bord, und sie sind auch erforderlich. Denn hinter Bonn fließt der Strom in die Tiefebene, ins Flachwellige, schließlich ins völlig Flache. Jetzt heißt er Niederrhein. Er ändert sein Gesicht. Er geht in die Breite. Statt der Burgen gibt es Hochöfen, statt der frohen Winzerorte Werften und Binnenhäfen. Vorbei, vorbei. Weck, Worscht, Wein – sie schmecken hier schon nach Erinnerung. Heinrich Böll, der Nobelpreisträger aus Köln, bekannte sich bereits als junger Schriftsteller zu seinem Fluß: „Ich bin bereit, dem Rhein alles zu glauben, nur seine sommerliche Heiterkeit habe ich ihm nie glauben können. Mein Rhein ist dunkel und schwermütig." Die alte Domstadt Köln am dunklen Strom ist und bleibt die Hauptstadt des Rheins. Das war sie seit Christi Geburt. Die römischen Baudenkmäler, die christlichen Kirchen, die Theater, Kunstmärkte und Museen, die Universität und die Schaltstellen der Medien – alles bestätigt Kölns Bedeutung. Gleich nach der langen S-Schleife des Rheins zwischen Wesseling, Porz und Westhoven kommt der Dom ins Blickfeld, und ist man noch näher dran, ist das mächtige Läuten der größten schwingenden Glocken der Welt zu hören. „Wenn ich nicht läute, betrübt es den Teufel" – so steht es rätselhaft auf der 1488 gegossenen Pretiosa. Also mag demnach sogar der Teufel den Glockenton. Teufel, Teufel.

Die Kölner standen seit jeher mit dem lieben Gott auf Duzfuß. Hübsche Geschichte dazu: Fragt der Tünnes, ein Kölner Original, seinen „leeven Jott": „Sare doch mal, wieviel sinn for dich dausend Joahr?" – „Ee Minütche." – „Watt, mehr nich? Wieviel sinn denn for dich dausend Mark?" – „Ooch, ne Jrosche." – „Wees watt, lieh mer ens en Jrosche!" – „Is juut, aber waht ens e Minütche." Auch das ist rheinisch.

Kleiner Rundblick. Dicht am Dom, am Wallrafplatz, liegt das Funkhaus des Westdeutschen Rundfunks. Südöstlich zwischen Kirche und Strom ist das eindrucksvolle Kulturzentrum zu sehen, mit dem Gebäudekomplex von Wallraf-Richartz-Museum, Museum Ludwig, Agfa-Foto-Historama und der Philharmonie. Ebenfalls direkt am Dom liegt das berühmte Römisch-Germanische Museum. Südlich des alles überragenden Gotteshauses steht in der Straße Am Hof der Heinzelmännchenbrunnen von 1899, eine liebenswürdige Erinnerung an die flinken Männlein aus Köln, die der aus Breslau stammende Dichter August Kopisch unsterblich machte. Südwestlich vom Dom findet sich die Glockengasse, in der ein Haus auf seine Hausnummer aus der Zeit der französischen Besatzung besonders stolz ist, die Nummer 4711.

Das alles ist linksrheinisch. Wenn Kölner ihren Besuchern Gutes tun wollen, führen sie sie über die Severinsbrücke, die Deutzer Brücke oder die Hohenzollernbrücke nach Köln-Deutz. Rechtsrheinisch. Dort gibt es zwar den Rheinpark mit dem Tanzbrunnen, aber auch viel Industrie. Wichtig indes ist: Von Deutz aus hat man den schönsten Blick über den Fluß auf das alte, neue, großartige Köln. Selbst Oskar Kokoschka war so angetan davon, daß er seine Staffelei für sein großes Stadtbild in Deutz aufgestellt hat.

Die junge Stadt Leverkusen rechts, Dormagen links: Industrie auf beiden Seiten. Düsseldorf folgt, die Hauptstadt von Nordrhein-Westfalen, für die eine phantasievolle Werbeagentur den Begriff „Schreibtisch des Ruhrgebiets" erfunden hat. Aber es gibt auch die großen Modemacher, die Universität, die „Kö", die lange Königsallee, eine Flanierstraße zum Kaufen und Küssen – und das „Kom(m)ödchen"; für die Altstadt ließ sich die Werbeagentur die lockende Bezeichnung „längste Theke Europas" einfallen. Robert Schumann schrieb in Düsseldorf seine schöne Dritte Sinfonie (Es-Dur), die „Rheinische". Im Scherzo hat der Komponist musikalisch sanft das Schaukeln eines Schiffchens auf dem Rhein verarbeitet – Vorlage für das Pausenzeichen des Westdeutschen Rundfunks. Krefeld schließlich links, ein Stückchen weiter abwärts, bietet Samt und Seide ebenso wie Eisen und Stahl und hat mit beiden Produktpaletten Glück.

Duisburg nun, das ist Rhein und Ruhr zusammen, viel Wasser für den größten Binnenhafen Europas; eine Großstadt mit Bergbau und Stahlwerken von Weltgeltung. Die Hafenbecken haben eine Uferlänge von 42 Kilometern. Auf dem Wasser von Rhein und Ruhr werden Eisen und Stahl fast mitten aus der City in die Welt hinaus transportiert. Eine wildlebendige Stadt, in keiner Beziehung zimperlich. Eher zupackend, zuschlagend. Der Hafen hier hat nicht den Hans-Albers-Charme Hamburgs; hier gibt Schimanski den rauhen Ton an.

Moers mit Schloß und Schloßtheater links; rechts Wesel, das Sprungbrett für junge Begabungen; wieder links das alte Xanten, die einzige deutsche Stadt, die mit einem X anfängt, Siegfrieds Geburtsort soll sie sein, und in ihrem Archäologischen Park pflegt sie eine stolze römische Vergangenheit. Rechts danach die alte Hansestadt Emmerich mit einer breiten Terrasse am Rhein. Links schließt sich Kleve an, eine jetzt sechs Kilometer vom Rhein entfernt liegende Stadt (in alten Zeiten floß ein breiter Rheinarm dicht an der Stadt vorbei).

Niederrhein, das ist schon die Ahnung des Meeres. Ein Hauch von Wasser liegt wie leichter Nebel in der Luft. Die Horizonte sind weit. Rembrandt ließ seine Schüler hier malen und kam auch selbst gern ins Tiefland; holländisch muten das Licht und die Farben ganz früh am Morgen oder in der Dämmerung des Abends an.

Bread rolls, sausage and wine are still on board from Mainz, and now is when they are needed. Downstream from Bonn the Rhine enters the plains, undulating at first, then totally flat. This is the Niederrhein, and it undergoes a change in appearance. Wide expanses are what you now see, with steel furnaces to take the place of castles, and shipyards and inland port facilities to take that of wine-growing villages. So much for bread rolls, sausage and wine. Here the very taste takes you back down Memory Lane. Heinrich Böll, the Nobel laureate novelist from Cologne, owned up as a young writer to the commitment he felt toward the river. "I am ready to believe anything of the Rhine, he wrote," "other than that I have never been able to believe in its bright summer cheer. My Rhine is dark and melancholy." Cologne, the old cathedral city on the dark river, is and will continue to be the Rhine's capital city, a position it has held since the birth of Christ. Its Roman monuments, its Christian churches, its theatres, art markets and museums, its university and its nodes of the media all testify to Cologne's importance. The moment you pass through the long S-shaped bend in the river between Wesseling, Porz and Westhoven you can see the cathedral, and the closer you get, the sooner you will hear the mighty ring of the world's largest free-hanging bells. "When I don't ring it upsets the Devil," it inexplicably says on an ornament cast in 1488. So even the Devil likes the sound of Cologne's cathedral bells ringing. The Devil he does!

Cologne folk have always been on first-name terms with God. There is a lovely joke in which Tünnes, a typically Cologne figure, asks God in broad dialect how long 1,000 years is for him. "Only a minute," says God. "How much is 1,000 marks for you?" he is then asked. "Oh, just a copper." "Will you lend me one, then?" "Sure, just a minute." This repartee is typical of the Rhineland too.

Take a quick look round. Hard by the cathedral, on Wallrafplatz, is Westdeutscher Rundfunk's Broadcasting House. To the south-east, between the cathedral and the river, is an impressive arts centre comprising the Wallraf-Richartz-Museum, the Museum Ludwig, the Agfa-Foto-Historama and the Philharmonie. The famous Römisch-Germanisches Museum is right alongside the cathedral too. To the south of the church, which towers over all, in a street called Am Hof, there is the Heinzelmännchen fountain, erected in 1899 in memory of Cologne's own helpful little leprechauns, who were immortalised in verse by the poet August Kopisch, who came from Breslau. To the south-west of the cathedral there is the Glockengasse, including a house that still proudly bears the number it was allocated during the Napoleonic occupation of the city, No. 4711.

This is all on the left bank. When Cologne people want to do their visitors a good turn they take them across the Severinsbrücke, the Deutzer Brücke or the Hohenzollernbrücke to Deutz on the right bank. Deutz has the Rheinpark and the Tanzbrunnen, plus a great deal of industry. But what counts is that it also has the finest view, across the river, of Cologne old and new – and magnificent. Even Oskar Kokoschka was so delighted by the view that he set up the easel for his painting of the city in Deutz.

Then comes Leverkusen, a new city, on the right and Dormagen on the left bank. Industry on both sides. Then Düsseldorf, the North Rhine-Westphalian capital, for which an imaginative advertising agency dreamt up the tag "the desk of the Ruhr district." It also features leading fashion designers, the university, the "Kö," or Königsallee, a shopping street and street in which to be seen out and about, and the Kom(m)ödchen, a well-known German cabaret. For the Altstadt the admen dreamt up the inviting tag "the longest bar counter in Europe." In Düsseldorf Schumann composed his Third Symphony in E flat major, the Rhenish Symphony. In the scherzo he gently incorporated the sound of a ship bobbing on the waves of the Rhine, a motif now used as a call sign by Westdeutscher Rundfunk. Further downstream, Krefeld to the left is the home of silk and velvet and iron and steel – and has fared well with both product ranges.

Duisburg next is where the Ruhr flows into the Rhine.

Petits pains, saucisses et vin" sont encore à bord depuis que nous nous sommes embarqués à Mayence et nous allons en avoir besoin. Car, passé Bonn, le fleuve coule en direction de la plaine basse, d'une plaine encore mamelonnée, certes, mais qui se terminera en un pays plat et uniforme. Il porte dorénavant le nom de Rhin inférieur. Il change de visage, prend de l'enbompoint. Les châteaux forts ont fait place aux hauts-fourneaux, les riantes localités viticoles aux chantiers navals et aux ports fluviaux. Fini, bien fini. „Petits pains, saucisses et vin" ont, ici, déjà un goût de souvenir. Heinrich Böll, titulaire du Prix Nobel et originaire de Cologne, professait déjà son attachement au fleuve alors qu'il n'était encore qu'un jeune écrivain: „Je suis prêt à tout croire de ce qu'est le Rhin, la seule chose en laquelle je n'ai jamais pu croire est sa sérénité estivale. Mon Rhin à moi est ténébreux et mélancolique." La vieille ville de Cologne et sa cathédrale, sise sur le fleuve ténébreux, est et demeure la capitale du Rhin. Elle l'a été depuis que le Christ est né. Les monuments romains, les églises chrétiennes, les théâtres, les marchés d'œuvres d'art et les musées, l'université et le fait que les média y ont leurs postes de commande – tout concourt à prouver l'importance de Cologne. Tout de suite après la longue boucle en forme de S que dessine le Rhin entre Wesseling, Porz et Westhoven, la cathédrale apparaît dans le champ de vision et, lorsque l'on s'en approche de plus près encore, on peut percevoir le son puissant des plus grosses cloches à bascule du monde. „Lorsque je ne sonne pas, le diable est contrit", ainsi l'inscription sybilline que l'on peut lire sur cet objet rare, coulé dans la fonte en 1448. Cela voudrait donc dire que même le diable aime ce son de cloche. Diable, diable…

Depuis que le monde est monde, les habitants de Cologne ont été à tu et à toi avec le Bon Dieu. Illustrons cela par une histoire mignonnette: Tünnes, un original de Cologne demande à „son" Bon Dieu: „Dis-moi, combien c'est, pour toi, mille ans?" – „Une petite minute." – „Quoi, pas plus? Alors, combien c'est, pour toi, mille marks?" – „Oh, un Groschen" – „Tu sais quoi, prête-moi un de tes Groschen!" – „Entendu, mais attends une minute." Cela aussi est rhénan.

Petit tour d'horizon. Tout près de la cathédrale, sur la place Wallraf, se trouvent les studios de la radiodiffusion ouest-allemande. Au sud-est, entre l'église et le fleuve, on peut apercevoir l'impressionnant centre culturel dont l'ensemble de bâtiments se compose du musée Wallraf-Richartz, du musée Ludwig, du musée Agfa-Foto-Historama et de la Philharmonie. A proximité de la cathédrale se trouve le célèbre Musée Romain-Germanique. Sur le flanc sud de la cathédrale, dominant tout l'ensemble, la Fontaine des Lutins jaillit, depuis 1899, dans la rue „Am Hof". Elle rappelle les petits bonshommes alertes de Cologne qu'immortalisa l'écrivain August Kopisch, originaire de Wroclaw. Au sud-est de la cathédrale, nous découvrons la Glockengasse. Une des maisons bordant cette rue est particuliè-

rement fière du numéro qu'elle porte, le 4711, qui lui fut attribué sous l'occupation française.

Tout cela est sur la rive gauche du Rhin. Lorsque les habitants de Cologne veulent réserver un plaisir particulier à leurs hôtes, ils franchissent avec eux le pont Severin, le pont Deutz et le pont Hohenzollern pour se rendre à Cologne-Deutz. Sur la rive droite du Rhin. On y trouve, bien sûr, le „Parc du Rhin", avec sa „Fontaine de la Danse", mais aussi de nombreuses industries. L'important, toutefois, est que l'on a, de Deutz, la plus belle vue sur le vieux, le nouveau, le magnifique Cologne, par-delà le fleuve. Oskar Kokoschka en fut, lui-même, si vivement impressionné qu'il alla planter son chevalet à Deutz pour y exécuter son grand tableau représentant la ville de Cologne.

La jeune ville de Leverkusen, à droite, Dormagen, à gauche: des deux côtés, un paysage industriel. Puis vient Düsseldorf, capitale de la Rhénanie du Nord-Westphalie, à propos de laquelle une agence de publicité, à l'imagination débordante, inventa le slogan de „Table de travail du Bassin de la Ruhr". Mais il y a aussi les grands couturiers, l'université, la „Kö", la Königsallée qui s'étire en longueur – rue où l'on peut tant musarder que s'embrasser – et le théâtre de chansionniers „Kom(m)ödchen". La vieille ville, elle, inspira à l'agence de publicité la désignation fort alléchante de „plus long zinc d'Europe". C'est à Düsseldorf que Robert Schumann écrivit sa troisième et belle symphonie en bémol majeur, dite „Rheinische". Dans le scherzo, le compositeur a musicalement intégré le mouvement de roulis d'un petit bateau voguant sur le Rhin. Ce passage musical servit de modèle à la Radio ouest-allemande qui en fit son indicatif acoustique. Krefeld, enfin, sur la gauche, un peu plus en aval du fleuve, propose aussi bien de la soie et du velours, que du fer et de l'acier et fit fortune avec les deux éventails de ces produits.

Duisburg, c'est le Rhin et la Ruhr en même temps, beaucoup d'eau pour ce port fluvial, le plus grand d'Europe une grande métropole, pourvue d'une industrie minière et d'aciéries de renommée mondiale. Les bassins portuaires ont une longueur de rive mesurant 42 kilomètres. Le fer et l'acier sont véhiculés sur l'eau du Rhin et de la Ruhr, presqu'en plein cœur de la cité, puis transportés aux quatre coins du monde. Une ville bouillonnante de vie, aucunement bégueule. Mettant, bien au contraire, la main à la pâte et n'y allant pas de main morte. Le port, ici, n'a pas le charme à la „Hans Albers" dont le port de Hambourg est empreint; c'est „Schimanski" qui, ici, donne le ton, rude en l'occurence. Moers, avec son château et le Théâtre du château, à gauche; à droite, Wesel, tremplin des jeunes

Eine Landschaft ohne Ränder, aber mit einem eigenen Zauber. Joseph Beuys stammt aus der Ecke, der Mann, der die Bäume und den hohen Himmel liebte und dessen künstlerisches Selbstbewußtsein ohnehin keine Einengung zuließ.

Breit strömt der Rhein. Von einer Grenze merkt er nichts. Oder doch? Denn es passiert ja etwas Ungewöhnliches. Gleich hinter dem niederländischen Grenzort Lobith-Tolkamer, am Pannerdense Kop, teilt sich der Rhein. Es gibt danach mehrere breite Arme und dazu Zweigflüsse, Kanäle und versandete Rheinadern. Das Land zwischen den Gewässern ist in zäher, aber stetiger Bewegung. Alles fließt. Man kann der Natur bei ihrer Arbeit zuschauen.

Alles zerfließt, sollte man besser sagen. Der Rhein gibt sich auf. Er resigniert. Eines seiner Teile heißt noch Niederrhein (Rijn), aber nur bis zum Amsterdam-Rhein-Kanal. Als Alter Rhein (Oude Rijn) schleicht er bei Katwijk oben im Norden hinter Scheveningen sandbeladen ins Meer. Der wasserreichste Arm des Rheins nimmt den Namen Waal an, behält ihn aber nicht, sondern heißt später nach der Vereinigung mit der Maas plötzlich Nieuwe Merwede. Ein anderes Stück Niederrhein nennt sich Lek, vereinigt sich aber noch vor Rotterdam mit der Waal, und bei Hoek van Holland geht alles breit und gemächlich in die Nordsee. Rheinwasser schon, vielleicht noch mit ein paar Tropfen Gletscherwasser aus dem St.-Gotthard-Massiv; aber der einst so stolze Rhein ist in der abgesunkenen Erdscholle steckengeblieben.

Er kam aus mehreren Quellflüssen, er verabschiedet sich mit mehreren Verzweigungen. Da also ist er sich treu geblieben. In dem bedeutendsten Künstler der Niederlande hat er sich jedoch vor dem Vergessen geschützt: Rembrandt. Mit vollem Namen heißt der Maler Harmenszoon van Rijn, Sohn des Harmen vom Rhein.

Eine Geschichte zum Schluß zeigt überzeugender als manche Betrachtungen, wie verzweigt und verzwickt das letzte Stück des Rheins ist. Es ist die Geschichte von Moby Dick. Sie ist vor Jahrzehnten passiert, im Sommer 1966, bleibt aber in der Erinnerung vieler Menschen verankert. Moby Dick, ach ja – so hieß der Wal in dem berühmten Roman des Amerikaners Herman Melville; so wurde auch ein etwa fünf Meter langer weißer Beluga-Wal genannt, der die Rhein-Anrainer von Rotterdam bis Remagen und dazu viele Naturfreunde in der Welt wochenlang in Atem hielt.

Bei Nijmegen war er zuerst gesichtet worden. Er schwamm offenbar gemütlich rheinaufwärts, bis er bei Duisburg oder Düsseldorf eingefangen werden sollte. Man wollte ihm lediglich helfen, wieder ins Freie zu gelangen. Immer wieder tauchte das dicke U-Boot zum Atemholen auf, von den Menschenmengen an den Ufern stets begeistert begrüßt. Es gab wahre Volksfeste. Viele Boote der Wasserschutzpolizei verfolgten ihn. Moby wurde mit einem Narkosemittel harpuniert. Ohne Erfolg. Der Wal verschwand, wurde am Niederrhein noch einmal gesichtet, nahm aber offenbar still Abschied vom Flußwasser – und tauchte nach einiger Zeit urplötzlich wieder auf. Entweder hatte er den Ausgang zur Nordsee in den niederländischen Verzweigungen nicht gefunden, oder aber das ja doch nicht eben saubere Rheinwasser muß ihm geschmeckt haben. Noch einmal wagte sich Moby Dick bis nach Köln, schwamm durch den Düsseldorfer Zollhafen und wäre bei Duisburg-Ruhrort beinahe in ein Hafenbecken gedrängt worden. Aber er konnte entkommen. Von nun an ging's rheinabwärts. Jetzt fand er endlich seinen Weg. Der Wal bog in die Waal ein und glitt durch Maas und Nieuwe Merwede zurück in die große Freiheit. Niemand weiß genau wo, wann, wie...

Der Rhein: Von den Gletschern der Zentralalpen tröpfelt er sich zusammen, bei Basel ist er bereits 200 Meter breit, in Köln bringt er es auf 520 Meter, der ausgebaute Nieuwe Waterweg bei Hoek van Holland hat die Breite von einem Kilometer. Der Rhein ist Europa. An seinen Ufern liegen auf 1320 Kilometern Länge die Schweizerische Eidgenossenschaft, das Fürstentum Liechtenstein, die Republik Österreich, die Bundesrepublik Deutschland, die Französische Republik und das Königreich der Niederlande.

Was für ein Fluß!

Between them they supply the water for what is the largest inland waterway port in Europe. Duisburg is a mining city with steelworks of world renown. It has 42 km of docks. Iron and steel are shipped along the Rhine and Ruhr from virtually the heart of the city to destinations all over the world. Duisburg is a wild place, full of life and not in the least squeamish. It is more of a hands-on, get-on-with-it town, and the docks lack Hamburg's Hans Albers charm. Schimanski, the tough guy German TV cop, is more at home here.

Then come Moers, with its castle and Schlosstheater, to the left and Wesel, a take-off point for talented youngsters, to the right. To the left again there is Xanten, the only German city with a name that begins with an X. It is reputed to have been Siegfried's birthplace. In its archaeological park proud Roman tradition is kept alive and well. Then, on the right, comes Emmerich, a one-time Hanseatic city, with a wide terrace looking out over the Rhine. It is followed by Kleve, now six kilometres from the Rhine, but in bygone days a wide arm of the river ran right past it. Niederrhein, or Lower Rhine, is a name that heralds the sea. A breath of water hangs in the air like a light fog. Horizons are wide. Rembrandt had his pupils paint here and enjoyed coming here himself. In the early morning light or at twilight in the evening the light and colours are reminiscent of Holland. It is a landscape without edges but with a magic of its own. Joseph Beuys came from this part of the world. He was a man who loved trees and tall skies and an artist who was not predisposed to accept the slightest restriction in the bounds he set himself as an artist.

The Rhine here flows wide, taking no notice of the border. Yet maybe it does, since something unusual happens. Just beyond the Dutch border town, Lobith-Tolkamer, at a point known as the Pannerdense Kop, the river splits into several wide arms, sub-rivers, canals and sections that have silted up. The land between them is slowly but constantly on the move. Everything is in a state of flux. You can watch nature at work.

It might be better to say that everything is in the process of flowing apart. The Rhine gives itself up, it resigns. One of its parts is still known as the Rijn, but only as far as the Amsterdam-Rhine Canal. Laden with sand, it slinks into the North Sea near Katwijk way up north on the far side of Scheveningen as the Oude Rijn. The section that is best in water is known as the Waal, but doesn't keep its new name. Once it merges with the Meuse it suddenly comes by the name Nieuwe Merwede. Another section of the Lower Rhine is known as the Lek, but merges with the Waal before reaching Rotterdam. Its water flows smoothly and leisurely into the North Sea at the Hook of Holland. It is Rhine water alright, and probably includes a few drops of glacier water from the St Gotthard massif. But the once so proud Rhine has somehow become a stick-in-the-mud in this low-lying country.

It started out on its journey from several sources and it takes its leave along a number of arms. So it may be said to have stayed true to itself. And it has made sure it will not be forgotten as part of the name of the most famous Dutch painter, Rembrandt, whose full name was Harmenszoon van Rijn, or the son of Harmen from the Rhine.

One final tale may serve to illustrate more convincingly than many other observations how intricate and complicated the final part of the Rhine is. It is the tale of Moby Dick. It all happened decades ago, in the summer of 1966, but many people will remember it well. The original Moby Dick was, of course, the whale in Herman Melville's novel. The latterday Moby Dick was a beluga whale about five metres long that swam upstream from Rotterdam to Remagen and held the attention of people who live on the Rhine and of nature lovers all over the world for weeks.

He was first sighted near Nijmegen swimming comfortably upstream and was expected to be caught near Duisburg or Düsseldorf. His would-be captors had nothing more untoward in mind than a desire to help him to get back out into the open sea. He regularly surfaced, a fat, submarine-shaped figure, to take air and was given a rousing hand by spectators lining the banks. People really celebrated the occasion. A succession of police boats trailed him. He was hit by a harpoon containing a sedative. But it didn't work. The whale vanished, then was sighted again on the Niederrhein. He seemed to have quietly taken his leave of the river, then, after quite a while, reappeared quite unexpectedly. He had either failed to find his way through the Dutch branches of the river into the North Sea or taken a fancy to the Rhine water, which was far from clean. Moby Dick made his way back upstream as far as Cologne, swam through the customs dock in Düsseldorf and was nearly cornered in a dock in Ruhrort, Duisburg. But he made his getaway. He then headed downstream and finally found his way. He turned into the Waal and swam along the Meuse and the Nieuwe Merwede to the North Sea and freedom. No-one knows where, when or how...

The Rhine takes shape, drop by drop, in the glaciers of the Central Alps. At Basle it is 200 metres wide. At Cologne it is 520 metres across. The Nieuwe Waterweg near the Hook of Holland is one kilometre wide. The Rhine is Europe. Along its full length of 1,320 km, it borders on Switzerland, Liechtenstein, Austria, Germany, France and the Netherlands.
What a river!

talents; à gauche, de nouveau, le vieux Xanten, la seule ville allemande dont le nom commence par un „x", lieu de naissance présumé de Siegfried, et qui entretient son fier passé romain dans son Parc archéologique. Puis, à droite, Emmerich, ancienne ville de la Hanse, dotée d'une vaste terrasse le long du Rhin, suivie, à gauche, de Clèves, ville éloignée maintenant de six kilomètres du Rhin (dans les temps passés, un bras du Rhin, fort large, coulait tout près de la ville). „Rhin inférieur", ce nom évoque déjà la mer proche. Un parfum d'humidité remplit l'air, comme un léger brouillard. Les horizons sont vastes. C'est ici que Rembrandt emmenait peindre ses élèves et qu'il aimait, lui-même, à venir; la luminosité et les couleurs des premières lueurs de l'aube et du crépuscule rappellent la Hollande. Un paysage sans bornes, mais dégageant un charme magique bien à lui. Joseph Beuys est originaire de la région environnante, cet homme, qui aimait les arbres et les ciels profonds et dont la conviction artistique ne laissait, de toute façon, aucune place à ce qui eût pu le mettre à l'étroit.

Le Rhin coule et se répand en largeur. Il ne se soucie pas de frontières. Ou bien? Quelque chose d'inhabituel se passe, en effet, à cet endroit. Tout de suite après la ville frontalière néerlandaise de Lobith-Tolkamer, au lieu dit Pannerdense Kop, le Rhin se scinde. Il donne naissance à plusieurs bras, larges, ainsi qu'à de petits affluents, à des canaux et des artères rhénanes ensablées. Le pays, que ces eaux délimitent, est en mouvement permanent bien que lent. Tout coule. On peut observer la nature à l'œuvre. Il faudrait dire, pour plus d'exactitude, que tout se dissout. Le Rhin fait son deuil de lui-même. Il se résigne. L'un de ses segments s'appelle encore Rhin inférieur (Rijn), mais seulement jusqu'au Canal d'Amsterdam au Rhin. C'est sous le nom de Vieux Rhin (Oude Rijn) qu'il se faufile, chargé de sable, en direction de la mer, dans les environs de Katwijk, en haut, dans le nord du pays, après Scheveningen. Le bras du Rhin le plus riche en eau prend le nom de Waal, mais ne le gardera pas, car, plus tard, après avoir épousé la Meuse, il s'appelle soudain Nieuwe Merwede. Un autre morceau du Rhin inférieur porte le nom de Lek et se joint, avant d'arriver à Rotterdam, à la Waal et, à Hoek van Holland, tous ces bras s'évasent et s'épandent, avec nonchalance, dans la Mer du Nord. C'est toujours de l'eau du Rhin, certes, peut-être même contient-elle encore quelques gouttes provenant des glaciers du massif du Saint-Gothard, mais le Rhin, si fier auparavant, s'est embourbé dans la glèbe affaissée du nord du pays. Il est né de plusieurs sources et c'est en se ramifiant à plusieurs reprises qu'il fait ses adieux à la terre. Il est donc resté fidèle à lui-même. Mais le plus grand artiste des Pays-Bas, Rembrandt, a fait en sorte qu'il ne soit jamais oublié. De son nom intégral, ce peintre s'appelle d'ailleurs „Harmenszoon van Rijn", „Fils de Harmen du Rhin".

Pour finir, une histoire montrera mieux que toute autre réflexion combien la dernière partie du Rhin est ramifiée et inextricablement embrouillée. C'est l'histoire de Moby Dick. Elle s'est passée il y a quelques dizaines d'années, à l'été 1966, mais est restée ancrée dans plus d'une mémoire. Moby Dick – ah oui, c'est ainsi que se nommait la baleine dans le célèbre roman de l'Américain Herman Melville; ainsi fut appelée également une bélouga, baleine blanche de cinq mètres de long environ, qui, pendant des semaines, tint en haleine les riverains de cette région du Rhin, de Remagen à Rotterdam, de même qu'elle intéressa de nombreux amis de la nature du monde entier.

Elle avait d'abord été repérée près de Nijmegen. Elle remontait le Rhin, insouciante. Il avait été prévu de la capturer près de Duisburg ou de Düsseldorf. On voulait tout simplement l'aider à retrouver le chemin de la liberté. Pour reprendre son souffle, le gros sous-marin faisait surface à intervalles réguliers, salué avec enthousiasme par la foule qui se pressait le long des rives. Plusieurs kermesses furent organisées en son honneur. De nombreux bateaux de la police fluviale la prirent en chasse. Moby fut harponnée à l'aide d'un narcotique. En vain! La baleine disparut, fut aperçue encore une fois alors qu'elle nageait dans le Rhin inférieur, feignant de faire ses adieux à l'eau du fleuve, pour refaire son apparition, sans crier gare, quelque temps plus tard. Peut-être avait-elle manqué la sortie pour regagner la Mer du Nord à travers les ramifications néerlandaises, ou bien elle aura aimé l'eau du Rhin, dont on ne peut pourtant prétendre qu'elle soit propre. Moby s'aventura, une seconde fois, jusqu'à Cologne, nageant à travers le port douanier de Düsseldorf et aurait presque fini par être capturée dans un bassin du port, près de Duisburg-Ruhrort. Mais elle réussit à s'enfuir. De là, elle n'eut plus qu'à descendre le Rhin. Elle avait, enfin, trouvé son chemin. La baleine s'engagea dans la Waal et glissa, à travers la Meuse et le Nieuwe Merwede sur le chemin du retour qui devait la mener à la liberté. Personne ne sait à quel endroit ce fut exactement, ni quand, ni comment...

Le Rhin: issu des glaciers des Alpes centrales, il prend forme goutte à goutte, atteint déjà 200 mètres de largeur à Bâle, en est à 520 mètres à Cologne et finit par s'étendre sur un kilomètre dans le Nieuwe Waterweg, voie nouvellement creusée, près de Hoek van Holland. Le Rhin, c'est l'Europe. Tout au long de ses 1320 km, ses eaux baignent la Confédération helvétique, la Principauté de Liechtenstein, la République d'Autriche, la République fédérale d'Allemagne, la République française et le Royaume des Pays-Bas.
Quel fleuve!

Stadt am dunklen Strom. Der Rhein ist in die Kölner Ebene geströmt. Zwischen dem imposanten Kölner Dom und dem Rheinufer liegt das Kulturzentrum mit Wallraf-Richartz-Museum und Museum Ludwig. Der Heinrich-Böll-Platz schließt sich an. Vom Deutzer Ufer aus ist der Blick besonders eindrucksvoll.

A city by a dark river. The Rhine has here reached Cologne and flatter country. The arts centre, between the impressive spires and buttresses of Cologne Cathedral and the river, includes the Wallraf-Richartz-Museum and the Museum Ludwig with the adjacent Heinrich-Böll-Platz. The view from the Deutz side of the river is most striking.

Ville en bordure du fleuve ténébreux. Le Rhin s'est répandu dans la plaine de Cologne. Entre l'imposante cathédrale et la rive du Rhin se trouve le Centre Culturel regroupant le Musée Wallraf-Richartz et le Musée Ludwig, suivi de la Place Heinrich Böll. De la rive Deutz, la vue est particulièrement impressionnante.

Sommerliche Heiterkeit habe er seinem Rhein nie geglaubt, gestand Heinrich Böll, der mit dem Nobelpreis geehrte Dichter aus Köln. Dieser Blick von der Deutzer Brücke bestätigt ihn, besonders dann, wenn der Rhein Hochwasser führt.

The Rhine as he saw it, wrote Cologne Nobel laureate novelist Heinrich Böll, was never a one for summer cheer. The view from the Deutzer Brücke proves his point, especially when the Rhine is at high water.

Heinrich Böll, écrivain de Cologne et Prix Nobel de Littérature, avoue n'avoir jamais été convaincu du visage insouciant et serein que revêt son Rhin, l'été. Cette vue prise du Pont Deutz confirme cette impression, tout particulièrement lorsque le Rhin est en crue.

Findige Werbeleute haben für Düsseldorf den Begriff „Schreibtisch des Ruhrgebiets" ausgetüftelt. Die elegante Großstadt am Rhein mit ihrer Königsallee und der reizvollen Altstadt beherbergt viele Schaltstellen von Wirtschaft und Politik.

Imaginative admen have dubbed Düsseldorf the desktop of the Ruhr. The elegant Rhenish city with its Königsallee and delightful Altstadt is indeed a centre of business and politics.

Düsseldorf a inspiré à d'astucieux publicitaires le slogan de „Table de travail du bassin de la Ruhr". Cette métropole des bords du Rhin, avec sa Königsallee et sa vieille ville pleine de charme, abrite de nombreux centres de décisions du monde économique et politique.

Rhein und Ruhr zusammen –
das gibt viel Wasser her für den
größten Binnenhafen Europas,
und das ergibt Duisburg. Die
Stadt ist nicht zimperlich. Sie
ist zupackend. Der Hafen hat
nicht den Hans-Albers-Charme
Hamburgs. Hier gibt Schi-
manski den rauhen Ton an.

Between them the Rhine and
the Ruhr keep Duisburg,
Europe's largest inland port,
well in water. It is not a demure
city; it is a go-getter. And its
port lacks the Hans Albers
charm of the Port of Hamburg.
Schimanski, the TV cop, is typical of Duisburg.

Le Rhin et la Ruhr – cela fait
beaucoup d'eau pour ce port
fluvial, le plus grand d'Europe,
qu'est Duisburg. La ville ne
connaît pas d'états d'âme et met
„la main à la pâte". Le port n'a
pas le charme à la Hans Albers
dont est empreint celui de Hamburg. C'est le commissaire Schimanski qui, ici, donne le ton.

Niederrhein. Das ist schon eine Ahnung des Meeres. Ein Hauch von Wasser liegt wie leichter Nebel in der Luft. Die Farben muten zuweilen holländisch an. Eine Landschaft ohne Ränder, verfließend, aber mit einem hellen Zauber.

The Niederrhein, or Lower Rhine, presages the sea. There is a mist over the water, and the colours at times have Dutch hues. This is a landscape with no edges, flowing but with a magic all of its own.

Rhin Inférieur. On y pressent déjà la mer. Un voile d'humidité flotte parfois, dans l'air, comme une légère brume. Les couleurs évoquent la Hollande. Un pays à l'horizon illimité, où tout se fond, mais empreint d'un charme qui lui est propre.

Es gibt nur eine Stadt in Deutschland, die mit X anfängt. Hier ist sie. Sie soll Siegfrieds Geburtsort sein. Sie pflegt in ihrem Archäologischen Park eine stolze römische Vergangenheit. Ihr Dom St. Viktor ist nächst dem Kölner Dom der bedeutendste gotische Kirchenbau am Niederrhein. Es ist Xanten.

Only one town in Germany begins with an X. This is it, Xanten. It is reputed to have been the birthplace of Young Siegfried. It boasts an archaeological park that testifies to a proud Roman past. Its cathedral, St Viktor, ranks second only to Cologne Cathedral as the most important Gothic church on the Lower Rhine.

Il n'existe qu'une seule ville en Allemagne, dont le nom commence par un „X". La voici. C'est là que Siegfried aurait vu le jour. Dans le Parc Archéologique, elle veille jalousement à son long passé romain. Sa cathédrale St Victor est, après la cathédrale de Cologne la plus importante église de style gothique du Rhin inférieur. Il s'agit de Xanten.

Der Rhein resigniert in den
Niederlanden. Es gibt noch ein
Stück Niederrhein (Rijn) und es
gibt ein Stück Alten Rhein
(Oude Rijn). Sein wasserreich-
ster Arm nimmt den Namen
Waal an, heißt aber später
Nieuwe Merwede, und bei Rotterdam bilden die verschieden-
sten Wasserstraßen mit den
Europoort-Anlagen den – vom
Güterumschlag her – größten
Hafen der Welt. Rheinwasser ist
noch immer dabei, aber es ist
unwahrscheinlich, daß an der
zerfaserten Mündung noch ein
paar Tropfen vom Gletscherwasser der Quelle herausgefiltert
werden könnten.

In the Netherlands the Rhine
resigns. There is still a length of
Lower Rhine, the Rijn, and
there is a section of Old Rhine,
the Oude Rijn, as well. But the
largest branch is the Waal,
which later changes its name to
the Nieuwe Merwede. Near Rotterdam the various waterways
form part of Europoort, in
cargo turnover terms the largest
port in the world. They still
contain Rhine water, but it is
most unlikely that drops of glacier water from the source
could be filtered out of a sam-
ple taken from the Rhine
estuary.

Arrivé aux Pays-Bas, le Rhin se
résigne. Il ne reste plus qu'un
bout de Rhin Inférieur (Rijn) et
de Vieux Rhin (Oude Rijn).
Son bras le plus riche en eau
prend le nom de Waal pour
s'appeler, plus tard, Nieuwe
Merwede, et, près de Rotterdam,
les différentes voies d'eau et les
installations du „Europoort"
donnent naissance au plus grand
port du monde, pour ce qui est
des marchandises transbordées.
On y trouve, bien sûr, encore
un peu d'eau du Rhin, mais il
est peu probable que des gouttes
d'eau provenant des glaciers à sa
source, puissent être filtrées, à
cet endroit de son embouchure
effilochée.

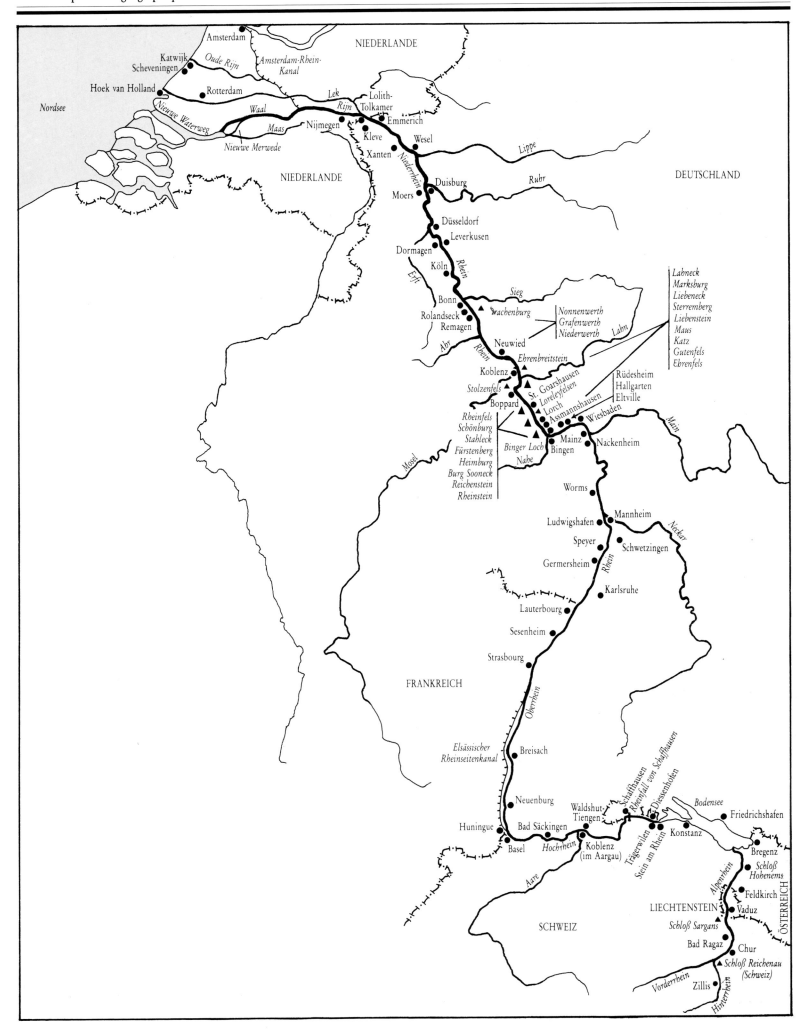